船舶与海洋结构物先进设计方法

船体生命周期建模与管理
Ship Lifecycle Modeling and Management

李 楷 林 焰 陈 明 著

科学出版社

北 京

内 容 简 介

　　本书论述了船体生命周期的概念和内涵,分析了船体生命周期各阶段业务活动的模型需求和建模方法,提出了船体生命周期建模的体系结构。书中重点论述了船体生命周期模型的构成以及模型之间的数据流、逻辑关系,船体生命周期模型集成应用框架和船体生命周期管理系统框架。同时也对系统开发的需求分析、运行模式、输入输出数据要求、核心功能等方面进行了详细论述。

　　本书可供船舶生产单位从事船舶设计、制造、修理的人员,船舶检验单位从事船体检验、评估的人员,船舶营运单位从事船舶营运、管理的人员阅读,也可作为高等院校船舶及其相关专业研究生的教学参考书。

图书在版编目(CIP)数据

　船体生命周期建模与管理＝Ship Lifecycle Modeling and Management/李楷,林焰,陈明著. —北京:科学出版社,2016
　(船舶与海洋结构物先进设计方法)
　ISBN 978-7-03-049786-4

　Ⅰ.①船…　Ⅱ.①李…②林…③陈…　Ⅲ.①船体-系统建模-研究
Ⅳ.①U663.2

　中国版本图书馆 CIP 数据核字(2016)第 209930 号

责任编辑:裴　育　乔丽维 / 责任校对:桂伟利
责任印制:张　伟 / 封面设计:陈　敬

科 学 出 版 社 出版
北京东黄城根北街 16 号
邮政编码:100717
http://www.sciencep.com

北京教图印刷有限公司 印刷
科学出版社发行　各地新华书店经销
*

2016 年 9 月第 一 版　开本:720×1000　B5
2016 年 9 月第一次印刷　印张:14 1/4
字数:266 000

定价:**80.00** 元
(如有印装质量问题,我社负责调换)

"船舶与海洋结构物先进设计方法"丛书序

船舶与海洋结构物设计是船舶与海洋工程领域的重要组成部分,包括设计理论、原理、方法和技术应用等研究范畴。其设计过程是从概念方案到基本设计和详细设计;设计本质是在规范约束条件下最大限度地满足功能性要求的优化设计;设计是后续产品制造和运营管理的基础,其目标是船舶与海洋结构物的智能设计。"船舶与海洋结构物先进设计方法"丛书面向智能船舶及绿色环保海上装备开发的先进设计技术,从数字化全生命周期设计模型技术、参数化闭环设计优化技术、异构平台虚拟现实技术、信息集成网络协同设计技术、多学科交叉融合智能优化技术等方面,展示了智能船舶的设计方法和设计关键技术。

(1)船舶设计及设计共性基础技术研究。针对超大型船舶、极地航行船舶、液化气与化学品船舶、高性能船舶、特种工程船和渔业船舶等进行总体设计和设计技术开发,对其中的主要尺度与总体布置优化、船体型线优化、结构形式及结构件体系优化、性能优化等关键技术进行开发研究;针对国际新规范、新规则和新标准,对主流船型进行优化和换代开发,进行船舶设计新理念及先进设计技术研究、船舶安全性及风险设计技术研究、船舶防污染技术研究、舰船隐身技术研究等;提出面向市场、顺应发展趋势的绿色节能减排新船型,达到安全、经济、适用和环保要求,形成具有自主特色的船型研发能力和技术储备。

(2)海洋结构物设计及设计关键技术研究。开展海洋工程装备基础设计技术研究,建立支撑海洋结构物开发的基础性设计技术平台,开展深水工程装备关键设计技术研究;针对浮式油气生产和储运平台、新型多功能海洋自升式平台、巨型导管架平台、深水半潜式平台和张力腿平台进行技术设计研究;重点研究桩腿、桩靴和固桩区承载能力,悬臂梁结构和极限荷载能力,拖航、系泊和动力定位,主体布置优化等关键设计技术。

(3)数字化设计方法研究与软件系统开发。研究数字化设计方法理论体系,开发具有自主知识产权的船舶与海洋工程设计软件系统,以及实现虚拟现实的智能化船舶与海洋工程专业设计软件;进行造船主流软件的接口和二次开发,以及船舶与海洋工程设计流程管理软件系统的开发;与CCS和航运公司共同进行船舶系统安全评估、管理软件和船舶技术支持系统的开发;与国际专业软件开发公司共同进行船舶与海洋工程专业设计软件的关键开发技术研究。

(4)船舶及海洋工程系统分析与海上安全作业智能系统研制。开展船舶运输系统分析,确定船队规划和经济适用船型;开展海洋工程系统论证和分析,确定海洋工程各子系统的组成体系和结构框架;进行大型海洋工程产品模块提升、滑移、滚装及运输系统的安全性分析和计算;进行水面和水下特殊海洋工程装备及组合体的可行性分析和技术设计研究;以安全、经济、环保为目标,进行船舶及海洋工程系统风险分析与决策规划研究;在特种海上安全作业产品配套方面进行研究和开发,研制安全作业的智能软硬件系统;开展机舱自动化系统、装卸自动化系统关键技术和 LNG 运输及加注船舶的 C 型货舱系统国产化研究。

本丛书体系完整、结构清晰、理论深入、技术规范、方法实用、案例翔实,融系统性、理论性、创造性和指导性于一体。相信本丛书必将为船舶与海洋结构物设计领域的工作者提供非常好的参考和指导,也为船舶与海洋结构物的制造和运营管理提供技术基础,对推动船舶与海洋工程领域相关工作的开展也将起到积极的促进作用。

衷心地感谢丛书作者们的倾心奉献,感谢所有关心本丛书并为之出版尽力的专家们,感谢科学出版社及有关学术机构的大力支持和资助,感谢广大读者对丛书的厚爱!

大连理工大学

2016 年 8 月

前　　言

在 21 世纪的全球化市场竞争中,所有的企业都面临着诸多挑战,企业必须快速、有效地与世界范围内的客户、制造商、分销商和供应商传递和共享产品信息。在这方面,产品生命周期管理技术已经体现出不可替代的优越性,而且在批量制造业得到了广泛的应用。然而,由于船舶行业的特殊性,船体生命周期管理不能直接应用这些行业的 PLM 解决方案。近年来,船东要求设计建造部门能提供更加快速的响应,主管当局制定了提高船舶安全营运能力的政策,船级社、船东也在不断提高船舶管理的水平,在这些需求的推动下,相关各方开始了船体生命周期管理研究。

船体生命周期管理,作为行业战略方案,它能够改变目前生命周期内各企业的业务模式,将各企业的计算机应用系统集成起来,使得在船舶生命周期内进行数据处理、业务决策和活动控制的全部系统实现互联,从而打破生命周期内各成员的隔离,增强各企业之间的协同;作为应用软件系统,它以船体生命周期建模为基础,以船体生命周期管理模型集成为核心,对船体生命周期内各阶段的数据处理操作进行管理,是面向数据集成、知识库管理和流程优化的一种信息系统。

本书围绕船体生命周期建模与管理,首先在第 2 章中研究船体生命周期的概念和内涵,分析船体生命周期各阶段业务活动的模型需求,对船体生命周期建模技术进行较深入的探讨。通过对船体结构的计算机图形表达方式的分析,提出应用XML 进行异构船体结构 CAD 数据交换的方法,并在两种 CAD 环境之间进行验证。通过对当前主流轻量化 CAD 模型的功能和性能分析,提出一种面向船体生命周期管理的专用轻量化 CAD 模型格式以及相应的建模方法。在此基础上提出船体生命周期建模的体系结构。

船体生命周期模型集成为船体生命周期管理提供组成船体信息的框架,它由多种信息化元素构成:基础技术和标准、信息生成工具、核心功能、功能性的应用接口等。第 3 章以船体生命周期中的模型构成为切入点,分析各阶段模型和各种数字化模型的主要特征,确立生命周期内的数据流和数据之间的逻辑关系,重点研究船体生命周期的模型集成问题。综合使用面向对象技术和参数化技术,引入知识工程和设计结构矩阵优化的理念,建立船体生命周期模型集成应用框架,对 CAD模型和 CFD 模型、CAD 模型和 FEA 模型的集成进行验证。

第 4 章研究船体生命周期管理的目标及使用环境,分析船体生命周期管理对于整个行业的核心价值。从软件开发的角度,分析在船体生命周期管理系统开发中应注意的问题以及关键技术。基于船体生命周期建模体系结构和模型集成应用框架,结合 MVC 思想,建立船体生命周期管理系统框架。

　　第 5 和 6 章分析船体生命周期管理系统的结构及功能模块组成,围绕书中提出的技术、思想逐步展开,从核心功能模块入手,开发轻量化船体模型浏览功能、数据同步处理功能及船体生命周期业务规则管理功能。在此基础上开发出原型系统——船公司管理子系统,支持船东直观地查看船体状态数据,更深入地分析船体状态,从而合理地进行业务交流,提高决策、响应的效率和科学性。基于智能移动设备,开发移动检验支持系统,不仅提高了船体检验的数据处理能力,也提高了船体检验的安全性和便捷性。

　　本书第 1、2、3、4、6、7 章及第 5 章 5.3～5.12 节由李楷撰写,第 5 章 5.1 节、5.2 节由陈明撰写,全书由李楷统稿,由林焰主审。在撰写过程中得到了大连理工大学纪卓尚教授的关心、支持与指导。科学出版社对本书的出版给予了大力支持和帮助,在此一并致以谢意。

　　因作者学识和水平受限,书中不妥之处在所难免,敬请读者批评指正。

李　楷

2016 年 4 月

目　　录

第1章 绪 论

1.1 研究背景和意义

随着全球经济一体化进程的加快和信息技术的迅猛发展,现代制造企业环境发生了重大的变化,其变化的主要特征为:产品生命周期缩短;交货期成为主要竞争因素;大市场和大竞争已基本形成;用户需求个性化,多品种小批量生产比例增大。从 20 世纪 80 年代末开始,世界各国为取得制造业竞争优势,纷纷开展了先进制造技术的研究。许多发达国家制订了 21 世纪先进制造技术的发展战略。为了实现可持续发展,我国制造业的发展战略方针是以信息化带动工业化,用高新技术和先进适用技术改造传统产业,大力振兴装备制造业[1]。

制造业信息化的内涵是将信息技术、自动化技术、现代管理技术与制造技术相结合,形成新一代先进制造技术,如计算机集成制造、敏捷制造、并行工程、虚拟制造和智能制造等,以此带动产品设计方法和工具的创新、企业管理模式的创新、企业间协作关系的创新,实现产品设计制造和企业管理的信息化、生产过程控制的智能化、制造装备的数控化、咨询服务的网络化,全面提升我国制造业的竞争力。制造业信息化的总体目标是通过信息化全面提高我国制造业的国际竞争力。

先进制造技术不仅涉及具体生产制造过程,而且涉及产品全生命周期内所有阶段。它涵盖了市场分析、产品设计、工艺规划、制造装配、监控检测、质量保证、生产管理、使用维护修理、售后服务、报废销毁等各个过程。信息化和集成化是先进制造技术的两个主要标志,信息技术的应用正渗透到产品设计、开发、运行和维护的每个方面。产品生命周期管理(product lifecycle management,PLM)概念的提出,就是为了以综合集成的观点全面协调配置各种计算机应用系统,提高业务处理和决策的效率[2]。经过近十年的推广应用,产品生命周期管理概念已被广大的制造企业所接受,成为其信息化建设的重点,通过实施应用取得了显著的效果,已经体现出实际意义。在一般机械制造业中,产品生命周期管理构成了企业信息化整体解决方案的基础。

当前,造船业和航运业的各界人士都认识到应从生命周期管理的角度来解决问题,并展开了相关的研究。从行业总体的角度来看,造船业和航运业形成了一个依赖于工业技术和管理方法的复杂系统。在这个复杂系统中,各个企业又是一个独立自治的复杂系统,通过向外部提供产品和服务,以实现自身的存在与发展。每个企业要与行业环境中其他组织实体进行交互,并且互相约束和影响,这说明在船舶的全生命周期内,其物流和信息流是在相互独立的企业之间运行的。这是造船业和航运业有别于一般机械制造业的根本特点,因此在信息化的实现方式上有所差别,不能简单套用一般机械制造业中的 PLM 解决方案。

从功能上讲,船舶可以看成由结构与设备两部分组成,船体结构为设备正常运转和人员生活作业提供物理平台,设备系统由船上人员操作以完成各项任务。设备属于一般机械产品范畴,其生命周期管理可以直接应用成熟的 PLM 方法及模式。事实上,设备生命周期管理技术已经比船体生命周期管理技术先行一步,各主流船用主机厂商在全球主要港口设置维修服务站向使用自己主机产品的船舶提供服务,各大航运公司对其拥有船舶的轮机系统大都应用了计划维护保养系统(planned maintenance system,PMS)进行日常维护保养管理。而船体生命周期管理至今还没有发展出一套较完善的解决方案。船体生命周期管理的基础是船体生命周期建模,后者又是前者的一部分,这两者都是非常重要的问题。本书主要研究在船舶行业整体环境下船体生命周期建模与管理的关键技术。

1.1.1　船体生命周期管理的内涵

船体生命周期管理,是以船体生命周期建模为基础,以船体生命周期模型集成为核心,对船体生命周期内各阶段的信息流和物流进行管理。

具体来讲,应从两个层次来理解船体生命周期管理,即作为行业战略管理方法的船体生命周期管理方案,以及作为应用软件系统的船体生命周期管理系统。作为一种行业战略管理方法,船体生命周期管理解决方案能够改变目前生命周期内各企业的业务模式,将各企业的计算机应用系统集成起来,使得全部在船舶生命周期内进行数据处理、业务决策和活动控制的系统实现互联,能够打破生命周期内各个成员的隔离,增强各个企业之间的协同。作为应用软件系统,船体生命周期管理系统主要完成两个功能:①支持船体生命周期信息链上各成员企业创建、管理、访问和使用船体数据定义和信息;②维护船体数据定义及相关信息在全生命周期内的完整性。

船体生命周期管理所涵盖的范围非常广泛,完全实现船体生命周期管理所要解决的技术难点也很多,本书主要从船体生命周期建模、船体生命周期模型集成、船体生命周期管理系统框架等关键技术着手研究。

1.1.2　研究的必要性

在 21 世纪的全球化市场竞争中,造船业和航运业中所有的企业都面临着诸多挑战:客户需求多样化、产品交货期最小化、产品和服务质量最大化、逐渐上升的成本、频繁的人才流动、技术和规范的发展以及环境保护的要求等。企业必须快速、有效地与世界范围内的客户、制造商、分销商和供应商传递和共享产品信息。计算机技术、网络与通信技术的迅猛发展给企业提供了面对这些压力和挑战的手段,各种信息技术方案被用来提高企业效率,增强企业的竞争能力。船型开发、建造、协作和服务支持等环节成为使用信息技术的主要领域。船舶产品模型和数据管理逐渐由基于传统的纸质图纸和报表的方式转变为基于三维数字模型和数据库的管理方式。

以英国皇家海军未来航母(Carrier Vessel Future, CVF)计划为例[3],在设计阶段前期,由英国国防部、英国的 BAE 系统公司和法国的 Thales 公司组成的“未来航母联盟”进行设计。在进入验证阶段的设计后期,“未来航母联盟”的成员又增加了 KBR 公司、VT 公司及 Babcock 公司。其中,BAE 系统公司领导整个工程团队,负责航母设计、建造、试航、验收工作的集成,任务系统的设计,以及船体中段和后段的设计、建造;Thales 公司负责平台、动力和推进系统,以及舰机接口的设计;KBR 公司为项目提供管理服务;VT 公司和 Babcock 公司负责设计和建造船体的前段,并由 Babcock 公司的 Rosyth 船厂进行模块总装(英国只有该船厂拥有可容纳 CVF 的船坞)。

在建造阶段,由于该舰为英国海军史上最大的军舰,且英国任何一家船厂无法独立建造,“未来航母联盟”制定了大型分段建造策略,由不同的船厂建造各大型船体分段。不仅如此,甚至连 Rosyth 船厂也要改造原船坞,并安装大型龙门吊才能保证生产。

参与建造的船厂共有 6 家,分别是 BAE 系统公司的 Glasgow 船厂和 Portsmouth 船厂、Babcock 公司的 Appledore 船厂和 Rosyth 船厂、A&P 公司的 Newcastle 船厂、Cammell Laird 公司的 Birkenhead 船厂。船体被划分为 9 个大型分段,然后分配给这 6 家船厂进行建造。在生产设计阶段,在这 6 家船厂的设计部门存在两种生产设计软件——TRIBON 和 FORAN,从而带来了软件接口问题。

CVF 的分段异地建造模式,对建造过程中的数据管理和接口管理提出了挑战,共享数据环境及联合数据库应运而生。它为不同工作场所的硬件设施提供接口。通过对各船厂内部进程和工作模式进行掌控,对各船厂的设计和采购进行集中管理,以整合各船厂的能力,但并不会干扰船厂的内部生产进程。联合数据库使得各应用软件不再需要昂贵的代价来设计接口,该数据库实际上是一个信息数据集的实时数据库,来自工程中大部分信息管理应用软件产生的数据,它满足了生成各种数据报告的需求。

可见,信息技术是制约当前船舶制造业发展的关键技术,也是提高船舶制造业能力的使能技术。目前,在船舶产品信息表达和维护方面主要面临以下问题。

(1)缺乏全局模型。船舶需求制订、设计、建造和检验等企业采用不同的产品信息表达范围和方式。

(2)产品表达方式不统一。企业内部和企业之间普遍采用多种 CAD 系统和数据管理系统,而且还存在多种数据存储方式,如报表、文档、数据库和图纸,造成数据的不一致性和信息孤岛。

(3) 多企业之间数据交换工作量大,现行处理模式较为复杂。各企业使用的软件系统不可能完全统一,企业间的数据传递、共享都需要克服产品数据格式和处理系统之间的差异。

(4) 数据维护困难。为了满足不同的客户需求,需经常进行产品变型设计,造成产品数据更改频繁,增加了产品数据版本和有效性控制的难度。

在造船业和航运业中,船舶是企业存在和发展的根本,企业的一切经营生产过程都是以船舶为核心展开的。各种信息技术被用来保证全生命周期内信息链上成员之间传递和共享数据。为了完整地表达、传递和管理全部信息,减少信息管理过程中的冗余步骤和环节,系统地优化控制各种活动和过程,必须完整地表达全部产品信息,并且对产品信息获取和处理过程进行管理。因此,建立集成的产品模型和进行生命周期管理越来越具有现实意义。

在生命周期管理功能要求下对船舶进行数据表达和维护,使得信息链上成员之间信息共享和数据传递更紧密;企业在数据查询、使用等各个环节的效率更高;出于安全环保的考虑,对船舶结构与设备的维护具有更强的可追溯性;对全生命周期内任一环节的业务活动成本、工时估算更精确;企业的知识资源可以更安全、清晰地保存下来。

如图 1.1 所示,在全生命周期内,与船体结构有关的事务主要有[4~8]:三维模

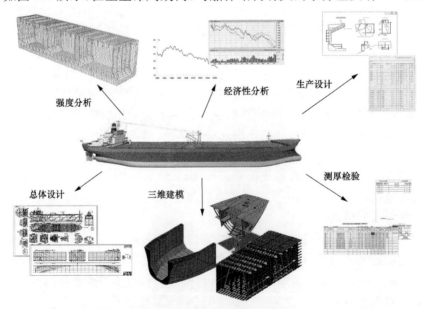

图 1.1　船体生命周期典型事务

型建立、二维图纸生成、基于有限元分析的强度评估、BOM 表生成、全生命周期内的经济性评估、测厚及船体结构状态检验等。

我国在信息化程度上要比先进造船国家落后，也没有达到集成化的应用环境，即使是以三维设计为基础的船舶生产设计，也不完全拥有一个完整、统一的产品模型，在生命周期内设计、建造和检验等阶段，用户不得不重复进行建模工作或处理结构数据信息，导致了信息处理过程的中断，造成了对数据的重复处理和数据冗余，大大降低了计算机辅助技术带来的总体效益。同时随着船舶行业中使用信息系统的增多，信息系统之间的交互变得越来越困难。由于各软件系统大多自成体系，数据交换的范围和程度都有一定的限制，效率较低。

船舶行业既是实施信息化能带来更大效益的行业，也是实施信息化更加困难的行业。目前要释放信息化技术在船舶行业领域的潜力，需要针对生命周期管理中的关键技术进行研究，结合我国船舶行业习惯与特点来开发一个统一的船体生命周期管理框架，提供一个合理的管理模式及支持手段，这对我国的经济建设和国防建设都有现实的意义。

1.2 国内外研究现状

1.2.1 PLM 研究及应用

PLM 的研究起始于美国 CALS(Continuous Acquisition and Life-cycle Support)计划，这一计划是由美国国防部于 1985 年 9 月提出的一项战略性计划[9]。CALS 计划的主要内涵是持续信息采集和全生命周期支持。这一概念逐渐演变为 PLM 概念。但自概念被提出以来，PLM 至今仍没有完全统一的定义，许多企业管理咨询机构和软件供应商都对 PLM 做出了定义。这一方面是因为生命周期各阶段成员企业的需求有差异且一直在变化，另一方面也是因为 PLM 所涵盖的内容较广泛。

CIMdata 认为，PLM 是一种企业信息化的商业战略[10]。它实施一整套的业务解决方案，把人、过程和信息有效地集成在一起，作用于整个企业，遍历产品从概念到报废的全生命周期，支持与产品相关的协作研发、管理、分发和使用产品定义信息。IDC 将 PLM 定义为包括规划、开发、建模、跟踪、管理控制、制造、销售、交付、维护和报废阶段全部活动的解决方案[11]。相应的定义还有很多，本书不再赘述。各种 PLM 定义都一致强调了 PLM 是企业级的业务解决方案，其管理功能覆盖产品的全生命周期且跨越企业的边界。作为一种软件系统，PLM 主要完成两个基本功能：①创建、管理和访问产品定义信息；②维护产品定义信息在全生命周期内的完整性。这就决定了 PLM 主要涉及三方面的关键技术：统一产品表达模型；数据应用集成;全面协同机制。

近年来针对 PLM 的研究主要集中在:PLM 的模型建立及应用框架、PLM 在各行业中应用的具体问题、PLM 软件系统开发技术等。

1) PLM 模型框架研究

产品生命周期建模的宗旨就是确定产品形成和使用过程中各类数据的内在联系,它的具体实现形式将直接制约 PLM 的应用效果。Sudarsan 等建立了一种面向 PLM 的产品信息建模框架[12]。Siller 等基于 PLM 软件为企业协同工艺规划建立了一种工作流模型[13]。Jun 等建立了闭环 PLM 中产品生命周期元数据的原始本体模型[14]。Young 等研究了 PLM 中制造信息的组织、框架[15]。Feldhusen 等提出了模式语言和内聚性 PLM 的概念,并研究了在 PLM 中模式语言的应用[16]。Ding 等研究了轻量化三维模型在 PLM 中的应用[17]。张闻雷等提出了一个包含四层架构的 PLM 概念建模框架[18]。钟培思等研究了产品生命周期内用知识管理进行过程建模的方法[19]。

2) PLM 应用研究

PLM 的概念起源于制造业,但发展到现在已扩展到教育业、公共服务业等领域。各行业之间的 PLM 体系结构势必有所差异,但行业内各企业的 PLM 体系结构则都大同小异。图 1.2 为制造业 PLM 的典型体系结构。

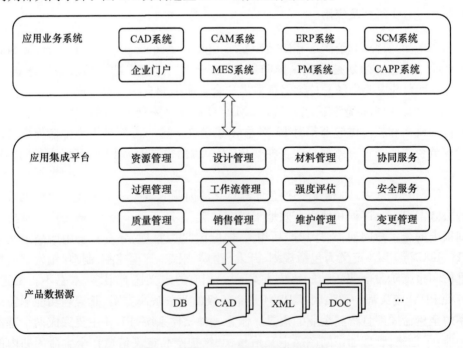

图 1.2　制造业 PLM 的典型体系结构

Giannini 等研究了应用 PLM 系统在化工厂设计中进行危险识别[20]。Kim 等研究了面向 PLM 应用的基于 XML 的并行集成人机工程学分析方法[21]。赵雪峰等研究了电信行业中 PLM 的应用框架[22]。赵丽萍等研究了 PLM 中面向制造的服务设计[23]。杨海成等研究了基于项目管理和产品数据管理的航天器 PLM 应用[24]。

3) PLM 软件系统开发技术研究

在 20 世纪 80 年代,一些 CAD 软件公司开始发现用户对 PDM 系统有着强烈的需求,于是抓住时机推出了 PDM 系统,如美国 CV 公司的 Optegra 系统、EDS 公司的 IMAN 系统、SDRC 公司的 Metaphase 系统。很多 PDM 产品都是一些原高端 CAD 供应商的后续产品。由于 PLM 与 PDM 的渊源关系,实际上目前大多数 PLM 供应商又大都是来自于原 PDM 供应商。而且大多数 PDM 供应商都已经开发了自成体系的 PLM 解决方案,实现了向 PLM 供应商的转移。例如,EDS 公司的 TeamCenter(从原 Metaphase 和 IMAN 转化)、IBM/DS 公司的 ENOVIA 与 SmartTeam、PTC 公司的 WindChill。当然,也有 ERP 厂商的加入,如 SAP 的 mySAP PLM,它是基于 ERP 体系的 PLM 解决方案。

然而,有一些原本是 PDM/CAD 的供应商,并没有推出真正的 PLM 产品,仅仅是改头换面就自称为 PLM 供应商,这样也给广大客户造成了很多关于 PLM 的困惑。

Pugliese 等将 KBE 应用于 PLM,并着重研究了设计自动化和企业数据重用[25]。David 等研究了在 PLM 实际应用中的知识共享[26]。Colombo 等研究了产品生命周期不同阶段中知识管理应用的一些问题[27]。Fornasiero 等研究了面向虚拟企业 PLM 应用的分布式应用框架[28]。

1.2.2 船舶行业信息技术应用

船舶行业的信息化水平是制约船体生命周期管理的关键因素。自 20 世纪 70 年代初将计算机用于船体放样开始,中国船舶行业信息化已历经四十多年,随着造船技术的进步,造船工业的发展越来越依赖于信息技术的应用。经过国内造船业界不懈的努力,目前信息技术已逐步渗透到造船价值链的每一个环节。从初步设计、性能计算、详细设计、生产设计、物流供应到生产计划、生产控制、质量保证、成本核算等各方面均引进或开发了各种各样的信息系统,并已逐步应用于船舶设计、生产和管理过程中,明显地增强了中国造船的国际竞争能力。

近年来,船舶行业两大造船集团及各地大型造船企业积极开展信息化工作,在"十一五"信息化发展规划下,以船舶数字化建造为核心大力推动信息化与工业化的融合。企业紧密围绕经营生产发展实际的需要,在三维数字化设计、分析、验证与仿真以及船厂 ERP 系统、集团化集中采购、集团化集中研发等多个领域方面取得了积极效果,一大批信息化系统在各企事业单位陆续上线应用并取得了良好效果,大大提升了船舶行业整体信息化水平。

在产品研发设计过程中,根据船舶产品的特点,一般把产品的设计分为初步设计(含报价和合同设计)、详细设计(含送审设计)和生产设计三大阶段,针对不同的设计阶段采用了不同的 CAE/CAD/CAPP/CAM 软件系统。目前,船舶行业设计院所和船厂主要使用的前期设计软件包括芬兰 NAPA 公司的 NAPA 初步设计软件、英国 AVEVA 公司的 TRIBON(现更名为 AVEVA MARINE)船舶设计软件、美国 PTC 公司的 CADDS5 造船集成系统、我国自行开发的设计软件(如沪东中华造船集团有限公司的 SPD、船舶工艺研究所的 SB3DS 等)以及二维绘图的 Auto-CAD 软件等。除此之外,还有 CATIA、Intergraph、ShipConstructor、Mastership、FORAN 等系统。

在建造阶段,制造工艺设计和制造加工过程控制管理主要依托计算机辅助工艺设计(CAPP)系统和计算机辅助制造(CAM)系统。在生产组织管理上,各企业广泛应用信息化技术,根据自身实际情况研发相关的船舶制造生产管理软件,包括:造船工时管理系统、企业生产经营计划管理系统、管子设计生产管理系统、涂装设计生产管理系统、船体零件管理系统、制造清单管理系统、分离机生产管理系统、装机托盘系统、车间任务管理、造船工程计划反馈管理系统等,以提高生产组织能力和效率。具有代表性的有广州红帆公司的 HF-CIMS 系统、上海东欣公司的EFSPD系统。

在管理方面,较多企业使用了协同设计的模式,使用的系统主要是美国 PTC公司的 Winchill 系统,对船舶产品结构、图文档管理、BOM 管理以及设计计划、流程等进行管理。部分配套企业还采用了 UGS 的 TeamCenter 或一些 PDM 系统。同时,为加强船舶设计开发中虚拟显示技术的应用,实现船舶产品的三维计算机辅助设计以及数字化装配和仿真,在产品的设计阶段充分考虑可装配性、可制造性、可维护性等因素的影响,目前一些院所和船厂正在开展虚拟仿真的研究,所采用的系统主要包括 Vega、ADAMS、Division、Delmia 等。

但一个显著的问题是近三十年来,中国造船企业由于分不同阶段实施了很多系统,造成开发平台、应用标准不统一,出现了大量的异构信息、流程孤岛现象。这些信息由于无法有效地共享和交换,在很大程度上影响了企业的数字化集成应用,降低了信息化的效率。因此,船舶行业在推进"信息化建设"的过程中,必须建立统一的企业应用集成架构和平台,能够将自主开发的系统、引进的系统以及将来开发的新系统集成起来,通过信息集成与过程协同实现各类信息系统的信息共享、协调运作和资源优化。

1.2.3　船体生命周期管理研究及应用

近年来,船舶领域和航运管理领域的研究人员已经开展了船体生命周期管理技术的研究,但仍有许多问题尚未解决。其中最突出的问题是:船体结构的生命周期模型如何架构以实现给予设计、建造、维护保养至报废各个阶段一致的支持。这也是本书要解决的主要问题。

当前,各大船级社、软件公司、研究机构都针对此问题进行了研究,有些已经形成商业化软件,有些还停留在试验阶段。美国船级社 ABS 开发了 SafeShip 软件。英国船级社 LR 提出了 Hull Integrity 计划。欧盟于 2005 年提出了 CAS 计划,由法国船级社 BV、德国船级社 GL、俄罗斯船检局 RS、国际油轮船东协会 Intertanko、石油公司 Total、船舶软件公司 SENER、测厚公司 MME、机器人公司 Cybernetix、葡萄牙里斯纳夫船厂和葡萄牙高级理工学院等多家机构参与,分别解决各自相关的技术问题。挪威船级社 DNV 开发了 Nauticus Hull Integrity 软件。日本船级社 NK 开发了 PrimeShip-HULLCare 软件。巴西 PhDsoft 公司开发了 PHDC4D 软件。中国船级社 CCS 也于近年开发了 METE3DM 系统。但这些软件系统都将关注点集中在营运阶段,而非全生命周期。

Penas 提出了一个船舶生命周期中 CAD 模型的集成框架[29]。Cabos 等提出了用简化 CAD 模型以支持船舶生命周期管理的方法[30]。Matti 等介绍了 NUPAS 将 3D 建模与生命周期管理集成的研究成果[31]。Oleg 等研究了基于船厂生产设计阶段的电子船体结构模型实施 PLM[32]。Edward 研究了基于船体结构现状的维护、PLM 和自动日志生成等技术[33]。Fivos 等研究了船舶制造过程中的自动化技术与集成技术,其中包括初步设计与详细设计的集成、详细设计和生产设计的集成、详细设计和船厂工艺条件的集成、生产设计和供应链的集成[34]。Duperon 详细论述了面向船舶与海洋结构物生命周期管理的建模技术的发展历程[35]。Constantinos 等利用 SolidWorks 建立船体结构模型,并研究了船体结构测厚记录数据库的建立,但其应用仅局限于同类型船[36]。Torgeir 通过对海洋结构物的检测、监控、维护和修理等方法的研究,着重研究了裂纹引起的船体结构损坏,并建议应采取鲁棒性设计以降低海洋结构物全生命周期内的风险[37]。Onan 等论述了面向船体生命周期管理的数字人体模型的应用[38]。沈金方提出了船舶生命周期信息系统的概念[39]。景旭文等将船舶全寿期信息模型和过程模型集成考虑,研究了船舶全寿期动态建模[40]。唐文勇等建立了基于风险的船体结构腐蚀优化检测及维修规划的成本与效益分析模型,以受腐蚀损伤的船体构件为例,对其检测及维修策略进行了成本与效益评估,并进行了敏感性分析[41]。

1.2.4　船体结构数字化表达

使用数字化模型表达船体结构已经成为船舶设计、建造、检验过程中的必需手段,因此也是船体生命周期管理中船体状态可视化的必要手段。在过去几十年内已形成了很多专门的 CAD 软件系统。许多研究人员分别从软件系统开发、先进建模方法、数据转换等方面进行了研究。

　　Horst 介绍了计算机辅助船舶设计发展的五个阶段[42]。Whitfield 等介绍了船舶产品建模方法的进展[43]。Okumoto 等研究了应用三维模型进行基于仿真的船舶建造过程[44]。Roh 等研究了三维模型在船舶设计各阶段中的应用,以及与二维图纸相比带来的改善[45]。Pérez-Arribas 等研究了船体曲面的自动建模技术[46]。Tahara 等针对船体曲面设计,研究了基于 CFD 计算的多目标优化算法[47]。Karr 等提出了基于仿真的船体结构设计框架[48]。

　　谢子明等介绍了自主研发的 SB3DS 系统的开发及应用情况[49]。苏文荣介绍了具有自主知识产权的 SPD 系统的开发及应用情况[50]。高志龙等介绍了自主研发的船体结构三维建模系统[51]。仵大伟研究了船体曲面的 NURBS 表达及三维船体结构设计[52]。陆丛红基于 NURBS 的船体曲面表达对船舶初步设计的一系列关键技术进行了研究[53]。李玉刚针对数字化造船中的船舶产品数据表达标准,研究了 XML 及其相关标准的应用[54]。战翌婷等以类库表达为基础,以模块化设计为手段研究了船体结构快速建模[55]。强兆新研究了船舶三维模型建立中的参数化技术[56]。康友平介绍了生产导向的设计在船体结构详细设计阶段中的应用[57]。张萍等研究了船型参数化建模方法[58]。张蓓等研究了船舶设计制造过程中常用的三种数据转换标准——IGES、DXF、STEP 的特点[59]。冯佰威等研究了船舶 CAD/CFD 集成优化接口的开发及应用[60]。黄金锋等研究了 CAD/CAM 系统之间的船体结构数据交换[61]。

1.3　本书主要研究内容

　　本书以船体生命周期管理中的关键技术为主要研究对象,以现今船体生命周期管理中尚未得到全面解决的关键问题为主要研究内容,提出研究思路与解决办法,形成符合我国船舶行业习惯的船体生命周期管理系统框架,为新一代船舶行业信息化发展提供理论支持和技术储备。

　　生命周期管理的理念和技术已在制造行业内得到广泛的应用,解决了很多设计制造过程中的问题,而船舶的设计、建造、维护是典型的复杂过程,涉及的空间广、时间长,具有明显的集成性和系统性,需要在全生命周期内的各阶段中实现信息资源的共享,因此需要把 PLM 中的先进技术应用于船舶行业中。生命周期管理的实施方案通常分为三层,底层是数据层,中间层是使能层,上层是应用系统层,集成了各种应用系统。使能技术也包括三个方面的内容,即数据管理、过程管理和集成。而当前的大部分研究仍停留在设计建造阶段内的数字化建模技术上,而非对全生命周期内数据的集成。

　　船舶生命周期过程的复杂性决定了不可能采用一个模型来描述整个生命周

期,而必须采用一组模型进行描述。本书以船体生命周期中的各种数字化模型为切入点,首先研究船体生命周期建模问题,这也是船体生命周期管理中的基础问题,其中包括船体结构的数字化表达、异构 CAX 模型数据交换、模型轻量化及建模体系。

基于知识工程建立起面向全生命周期的模型集成体系,对船体结构的各种数字化模型,能达到访问的快速性、数据的统一性和管理上的可回溯性,使得在每个阶段都能以相同拓扑结构的数据管理系统进行信息的共享和管理,为船体生命周期管理提供数据接口。

在此基础上结合网络技术和数据库技术,从软件开发的角度研究船体生命周期管理系统。目标是实现人机交互,方便、快速、精确地获得关于诸如几何尺寸、材料类型、建造工艺、维护保养要求、检验记录等船体状态数据;实现信息链上各成员对信息的共享和交换,增强它们之间的协同。

本书将围绕这些体系及其核心技术逐步展开,并对所提出的解决方案通过开发原型系统来验证,建立实现船体生命周期管理的软件平台。

1.4　本书组织结构

第 1 章为绪论,介绍本书的研究背景和意义、船体生命周期管理的行业需求、PLM 的概念和发展、船舶行业信息化现状、船体生命周期管理研究现状、船舶数字化表达研究现状,以及本书的主要研究内容。

第 2 章分析船体生命周期的概念、内涵和典型事务,以及全生命周期中各阶段对数字化模型的需求,为后续章节提供基础知识。对船体生命周期建模技术进行研究,从船体结构的数字化表达方式入手,提出船体结构的 XML 表达方法,并以此为基础研究异构 CAD 环境下的船体结构数据交换问题。通过对当前主流轻量化 CAD 模型的功能和性能分析,提出面向船体生命周期管理的专用轻量化 CAD 模型格式以及相应的建模方法。在此基础上提出船体生命周期的建模体系结构。

第 3 章从生命周期阶段划分和数字化表达形式两方面研究船体生命周期模型的构成,以此为基础分析各阶段模型和各种数字化模型的主要特征,确立生命周期内的数据流和数据之间的逻辑关系,重点研究船体生命周期的模型集成问题。综合使用面向对象技术和参数化技术,引入知识工程和设计结构矩阵优化的理念,提出船体生命周期模型集成应用框架,对典型 CAX 模型集成进行验证。

第 4 章研究船体生命周期管理的意义及使用环境,分析船体生命周期管理对于整个行业的核心价值。从软件开发的角度分析在船体生命周期管理系统开发中应注意的问题以及关键技术。基于船体生命周期建模体系结构和模型集成应用框架,结合 MVC 思想,建立船体生命周期管理系统框架。

　　第 5 章从软件开发的角度,进一步明确各用户的功能需求,从总体业务目标、业务流程、用户特点等方面对船体生命周期管理系统的总体设计进行需求分析。根据系统业务需求分析,将用户角色划分为 8 大类,并以此划分了 8 个子系统,分别讨论各子系统的功能需求、运行模式、输入输出数据要求。

　　第 6 章分析船体生命周期管理系统的结构,围绕本书提出的技术和思想,从核心功能模块入手,开发轻量化船体模型浏览功能、数据同步处理功能及船体生命周期业务规则管理功能。在此基础上开发了原型系统——船公司管理子系统,支持船东直观地查看船体状态数据,更深入地分析船体性能,从而科学合理地进行业务交流和决策。基于智能移动设备,开发移动检验支持系统,不仅提高了船体检验的数据处理能力,也提高了船体检验的安全性和便捷性。

　　第 7 章对本书的工作进行总结,并对未来的工作进行展望。

第 2 章　船体生命周期建模方法研究

　　船体生命周期建模是一个基础性问题,只有正确描述船体生命周期的数据以及它们之间的联系,才能真正实现船体生命周期的管理。本章主要从船体生命周期的概念和内涵、船体生命周期模型的需求、船体生命周期建模技术,以及船体生命周期的建模体系结构等方面进行研究。

2.1　船体生命周期的理解

2.1.1　船体生命周期概念

　　船体生命周期建模的首要问题是"船体生命周期"概念的定义,而且应放在船舶生命周期这一整体框架下考虑。

　　CIMdata 将产品生命周期定义为由三个主要的和相互作用的生命周期阶段构成:产品定义、生产定义和运行支持。在任何制造企业中,产品生命周期都是由这三个主要的、紧密关联的过程构成的,产品生命周期的每个阶段都包含执行相关业务功能所涉及的流程、信息、业务系统和人员。在产品生命周期中,产品定义阶段最早开始于客户需求和产品概念,然后一直延伸到产品被废弃和现场服务的停止,包括了完整的产品定义,从各个部件、零件到软件和文档。产品定义不仅是工程设计,还包括一套完整的信息,定义了产品是如何被设计、加工、运作或使用、服务的,甚至在被废弃不用时,是如何退役和拆卸的。CIMdata 的定义考虑到制造业的共性,具有较强的通用性和可拓展性。

　　以 PTC 公司为代表的软件供应商则认为产品生命周期包括概念产生、设计、采购、生产、销售和服务等阶段。由于软件供应商的潜在客户集中于大批量生产型制造企业,这种定义主要是为软件开发服务的,与相应的软件系统功能相结合。

　　虽然船舶属于广义的制造业产品,但船舶生命周期的构成与一般制造业产品生命周期的构成还是有显著的差别,具体表现在以下两点。

　　(1) 船舶建造是单件、小批量的订单式生产,概念产生和投资规划等前期论证由船东独立完成,因此不存在一般制造业产品的市场调研、产品创意和商业前景预测阶段,也不存在销售和市场推广阶段。

　　(2) 众所周知,船舶是集合了众多工业技术的产品,使用时需要多名不同岗位技术人员的配合,事实上造船厂也不可能提供船舶的使用培训服务,因此也不存在一般制造业产品的产品安装、培训等阶段。

综上所述,船舶生命周期由四个主要阶段构成:设计、建造、营运和报废,每个阶段还可划分为粒度更小的阶段。由于船体结构是船舶物理存在的基础,船体生命周期与船舶生命周期是同构的关系。

2.1.2 船体生命周期事务

图 2.1 为船体生命周期事务时序图。

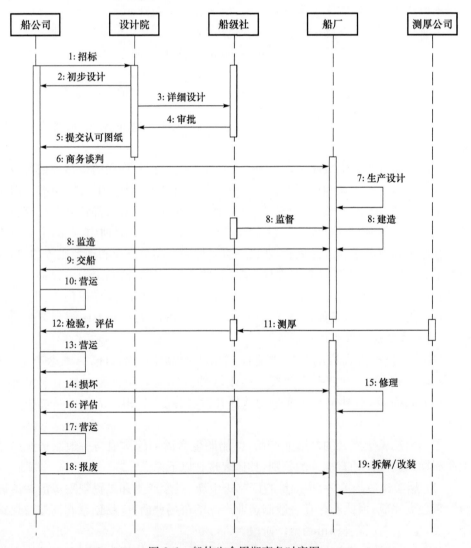

图 2.1 船体生命周期事务时序图

船舶的设计阶段一般分为初步设计、详细设计、生产设计三个阶段[62]。初步设计是船舶设计的第一阶段,主要确定船舶的总体性能和主要技术指标以及各系统的原理,通过理论计算和必要的试验确定产品的基本技术形态、工作原理、主要参数、基本结构、主要设备选型等重大技术问题。初步设计是根据设计技术任务书进行的,但并不等于完全遵从设计技术任务书的规定,因为最初船东并不十分清楚自己的需求,或者由于缺乏船舶设计的知识,常常将设计任务制订得不尽合理,设计者在拿到设计任务之后,应通过分析计算后和船东一起对设计任务进行再次修订。初步设计的目的是:为签订船舶建造合同提供必要技术文件;为完成上述技术文件进行必要的设计和计算工作;提出主要设备的选型规格、清单和厂商表;为详细设计提供必要的技术条件和依据。初步设计所产生的图纸和技术文件表明了船舶的总体性能,由设计院提供给船东认可。在这个阶段中与船体结构有关的技术文件包括船体说明书和中横剖面结构图。

在初步设计得到船东认可之后,即可进行详细设计。详细设计是船舶设计的第二阶段,利用各个具体技术专业项目的设计计算和图纸绘制,解决设计中基本的和关键性的技术问题,最终确定船舶全部技术性能、船体结构、重要材料、设备选型、订货要求、各项技术要求和标准。详细设计的目的是:提供船舶检验部门规定送审的图纸和技术文件;提供设计合同中规定送船东认可的图纸和技术文件;提供材料、设备订货的规格和数量及技术文件;为生产设计提供必需的技术文件和图纸。在这个阶段中与船体结构有关的技术文件主要包括船体构件规范计算书、典型横剖面结构图、基本结构图、外板展开图、肋骨型线图、甲板结构图、横舱壁结构图、上层建筑结构图、船体结构节点图册、焊接规格表等。

生产设计是船舶设计的第三阶段,是在详细设计的基础上,当船东和船厂签订造船合同后,结合船厂建造工艺和生产组织管理方式,按工艺阶段、施工区域和安装单元绘制有工艺要求和生产管理数据的工作图表的设计工作。生产设计要根据船厂的具体生产能力、生产特点、生产组织方式、船舶建造工艺等来确定生产设计图纸与文件资料的内容和深度。生产设计的特点是要把船舶设计、造船生产、物资采购和生产管理结合起来,要把船体、轮机、电气及其他专业进行横向融合,使各专业、各工种、各施工阶段能协调平衡,提高综合生产能力。在这个阶段中与船体结构有关的技术文件主要包括全船分段划分图、钢材订货表、焊材订货表、合拢余量布置图、分段组立程序图、分段工作图、分段构件 BOM 表、分段检验线图、分段套料图、分段加工图、临时开孔图等。

综上所述,初步设计和详细设计主要解决建造什么船舶的问题,而生产设计则主要解决怎样建造船舶的问题。一般,初步设计和详细设计主要由设计院完成,而生产设计主要由船厂完成。

在建造过程中,船级社要派出验船师到生产现场根据船级社规范就安全性问题进行检验,船东也会派出监造代表驻现场根据船舶建造规格书及合同对船舶的建造质量及完工性能进行检验。船体结构的检验项目主要集中于施工工艺,结构的材料、尺寸、板厚、型材截面、焊缝、涂层等是否与图纸或技术文件相符,结构的完整性及水密性,空船重量等。

建造完工后签字交船,表明船厂已经履行了船舶建造合同中的大部分条款,船舶所有权由船厂移交给船东。自此船东开始负责船舶的使用和管理,并开始履行新船保修条款,交船后新船使用的一段时间内(通常为一年),因建造方引起的质量问题、设备故障、损坏等,发生的费用由建造方负责[63]。为了约束船厂及设备厂商认真履行保修义务,做好保修工作,船舶建造合同及设备订货合同中一般都有最后一期付款条款。保修期内若认定船厂或设备厂商没有进行或者没有完成应当完成的保修工作,船东有权拒付尾款。保修范围包括:因施工及材料质量、设备缺陷、工艺缺陷、设计缺陷或错误引起的船体或机械设备的损坏或故障;建造、接船过程中的遗留问题;由建造质量引起的水线以下修理工程。新船保修期之后则为由船东负责维护保养的阶段。

自投入营运,在各种侵蚀的作用下船体构件就开始损耗,许多缺陷随之出现。典型的缺陷类型有:裂纹、屈曲、锈穿、焊接残余应力、凹陷、点蚀、脱焊,以及由各种腐蚀引起的厚度减少、涂层剥落、涂层裂纹、涂层起泡、褪色等。因此,需要对船体结构进行定期的检验和维护保养,船级社也规定了强制检验的年限。而且由于保险、载重线、安全等多种原因,船东具有在整个船舶的使用期内保持其"船级"的义务,要求在适当的间隔期内由船级社以证书的形式证明船舶的技术状况和营运状况。一艘船舶的船级定义为该船建造时进行的检验状况,该船适运的货物类型并指明与操作相关的船舶总体布置和安全营运范围。在检验期内由船级社认定船级,为说明船舶仍然具有必要的强度、适航性和安全性标准,可以用对船体、机械和其他辅助系统进行定期检验的方式来更新船级证书。对于大多数船舶,在5年内需要进行40~45种入级和法定检验,其中有些项目可以同时进行,根据DNV的统计,在5年内验船师对船舶的检验平均为26次[64]。

与其他检验项目相比,厚度减少对船体结构强度的影响最严重,而又能更有效地得到评估。对厚度可以定量描述,而其他检验项目大部分都只能定性描述或以文字说明、图片、备注的方式描述,所以长期以来船体测厚是各种检验项目中最为重要的一项。测厚结果对船体结构完整性检查、船体结构修理和改装、安全性评估提供了依据,也为船体维护保养提供了有效的支持[65]。测厚数据的准确性攸关船舶的航行安全,因此测厚工作一般由船级社认可的测厚公司或专职验船师完成,验船师根据船级社的规定对测厚数据进行抽查以保证准确性。不同的检验阶段对船体测厚的要求有所不同,不同船型的测厚要求也有所不同,在测厚工作开始之前务必要对船体测厚要求进行确认。

　　当构件的状态接近某一指标警戒值时,应对缺陷构件进行修理或更换。若发生海损事故,首先应及时掌握船体结构损坏情况,在最短时间内计算剩余结构强度并对现场损害管制给出指导意见,然后安排受损船舶进坞修理。通常不可能对全船所有构件同时进行检验,也不可能对全船所有缺陷构件同时进行修理,因此在维修后船体结构强度会得到一定的恢复,但不可能再达到初始设计状态。图 2.2 表明了全生命周期内船体结构状态及强度的变化规律。

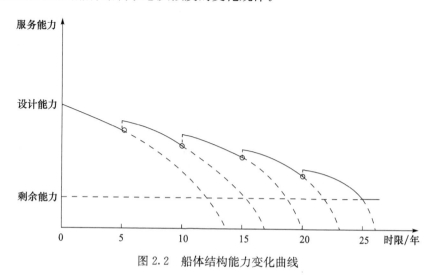

图 2.2　船体结构能力变化曲线

　　船体结构修理主要解决以下问题:判定是否需要修理;确定修理方法和范围;确定修理工艺及修理过程中的注意事项[66]。需要修理的情况主要有结构开裂、脱焊等明显缺陷,超过规定的构件腐蚀和变形极限,以及船东自愿更换的情况。常用的船体结构修理方法主要有换新构件、火工校正、结构改进、补焊、堆焊、覆板等。不同的船体结构区域所需的修理方法也不相同。

　　船体结构修理应事先向船级社审图部门提交有关图纸供审核,经批准后方可施工,修理工艺应提交现场验船师供认可。未经现场验船师同意,不得任意拆除或移动强力构件。船体结构修理工程确定后,机务人员、船厂修理主管、船厂检查人员和验船师要一起确定报检项目和探伤范围。修理完工后需经现场验船师检验合格,验船师有权对施工过程进行抽查检验,如发现有不满足要求的情况,有权要求返工。验船师也有权对重要部位的对接焊缝进行无损探伤检验。

　　在船舶长达数十年的营运期内,修理、检验、评估、维护保养等过程循环交替,反复出现。船龄越大,这些工作也越细致复杂。船舶达到其设计寿命后,表明船舶使用年限的船龄并不是决定船舶退役与否的唯一因素,在众多因素中最具有决定性的是船舶的安全性指标,而这些指标又与船舶设计,建造时的技术状况,营运中对船舶的管理、使用、维护、保养密切相关。船龄只是船舶营运中设备、性能损耗的标志之一,在船龄超过一定年限,特别是在进入老龄后,船舶的安全性必然会产生重大改变,而实际上船东从经济效益的角度考虑都希望能继续营运若干年,这就需要进行严格的监督管理,否则必须强制其退役。当船舶技术状况恶化、无修理价值、不再适于航行时,应停运报废,否则将面临强制报废。

有些船东在船舶达到其设计寿命后即停止营运,将船舶售出。有些买家做些简单的标志更换后就直接使用,也有些买家将二手船舶改装成其他用途,此时进入改装阶段。当然,受市场变化、安全防污、标准提高以及社会经济需要等综合因素的影响,也有船舶在正常营运期内进行改装。船舶改装工程是一项介于船舶修理和新船建造之间的重大工程项目[67]。船舶改装类型主要有:船舶用途改变;船舶主尺度改变;船舶装载区域改变;船舶重大设备改变;上层建筑改变。

改装前,修船厂不仅要充分了解船东对船舶改装的需求,还要充分了解改装船舶工程所涉及的公约、规范对改装的相应影响。船舶改装工程需要在改装前具备改装的设计图纸,且改装详细设计图纸需要取得船级社的批准。船舶改装工程完工后,根据需要提供相关的完工文件和图纸。

营运期结束后则为报废或拆解阶段。船舶拆解为退役船舶提供了一个可持续发展和环境友好的方式,船壳、机械、设备和配件乃至家具都可以被重新利用。拆解过程中会不可避免地对环境造成污染,目前国际范围内对拆船厂的安全作业和环境管理都提出了更高的标准,急切需要制定对拆船业的安全、健康和环保要求。基于以上考虑,国际海事组织(IMO)着手制定新的公约解决拆船问题,并充分考虑海运业和相关经济领域的特殊性。2009 年 5 月,IMO 正式通过了《2009 年香港国际安全与无害环境拆船公约》。该公约不仅涉及船舶设计、建造、营运以及拆解的全过程,而且对船上有害物质的处理、船舶拆解过程中的控制等方面都有详细的规定。

以上为典型的船舶生命周期内全部事务。

2.2　船体生命周期模型需求及建模平台选型

从 20 世纪 90 年代初以来,随着计算机硬件技术的发展和 CAD 技术的普及,通过技术引进和自主开发相结合,在船舶设计和建造领域广泛使用了造船 CAD 系统,通过建立三维数字化船舶产品模型,大大提高了设计质量、加深了设计深度、缩短了设计和建造周期。同时,一些企业开始在生产管理层面和企业经营管理层面开发用于一定业务范围的管理信息系统,如计划管理、物料管理和成本管理等系统,这些系统的使用在技术层面解决了不少问题,提高了管理数据采集、分析、统计的准确度和及时性,在局部应用领域取得了较好的成果。

但在需求论证和初步设计阶段,无论是设计任务的描述信息还是设计的图纸文档,变动都很频繁,双方都需要时刻查收对方来的资料,以避免所讨论的对象不一致。这些信息都以文件格式存放,不利于异地协同环境下设计方和船东进行交流,靠电话、传真、电子邮件或即时通信软件讨论问题都非常麻烦。因此,既需要对设计任务和设计资料进行版本管理,又需要提高设计资料的集成度和开放度。

在详细设计、生产设计和建造阶段,由于多数企业在初期的信息化建设中往往缺乏对企业信息化整体战略的考虑,各系统平台不一、信息模型不一,导致各系统间形成信息壁垒,信息的流动不顺畅、信息的一致性不能保证、信息的重用性差,难以推行造船设计生产的并行和协同,妨碍了企业信息化的整体效益。

大部分企业存在设计系统与生产管理系统之间联系不够紧密、设计建造一体化程度较低、设计与管理集成度较低的问题。虽然很多企业引进了一些集成程度较好的设计系统,但应用程度不一,仅仅解决了大部分"甩图板"的工作,其生产设计图纸中物量及制造信息没能充分及时反映,直接影响相关数据库的建立,不能自动更改设计错误,不能自动、无缝地抽取有关信息生成 BOM 表以供后续工序或管理软件应用。后续管理系统因缺乏及时、准确的设计数据源,而无法发挥更强的管理效果。

现在尚未建立能控制船舶生命周期的物流管理信息系统,在物料的采购、供应、生产方面,没有按照生产设计所获得的物料需求信息,结合有效库存量进行计算,获得精确的采购计划和生产计划,因而往往造成库存的积压或物料供应的缺失。目前船舶行业在成本设计、统计、监控、分析方面的管理较为粗放,没有精确地即时反映船舶产品的实际发生成本。满足船舶产品成本预算、核算、控制功能的成本管理信息系统的开发和应用尚处于起步阶段,由于缺乏一个合理的目标成本分解和落实机制,使得目标成本控制并没有达到预期水平,船舶企业成本失控现象时有发生。

企业的生产管理和协调仍以现场调度型为主,满足精细管理要求的造船作业管理信息系统尚未研究应用,企业劳动生产率较低。

在营运维护保养阶段,数字化模型和数字化管理的程度一直较低,几十年以来对船体测厚数据的表达方式主要依赖于二维纸质图纸、表格和文档,其他检验项目由于大部分都只需定性描述,其表达还要更简略。这给维护保养过程中的数据追溯带来了困难,直接影响了评估和维护保养的效率。近年来,许多船东和船级社认识到这一问题的严重性,纷纷从数字化模型应用和提高数字化管理水平开始着手研究。但应该认识到,在设计建造阶段内广泛使用的 CAD 模型并不适用于营运维护保养阶段。传统 CAD 模型的局限性如下。

(1)只能提供基本图形信息,而不能直接提供各种计算需要的有效信息。例如,要根据典型横剖面图计算剖面模数,或根据外板展开图计算涂装面积,都需要经过一定的步骤将基本的图形信息(文字标注、长度、面积等)转化为计算数据,这就限制了在营运阶段维护保养的反应速度。

(2)存在冗余信息。现有 CAD 模型通常包含大量的几何细节甚至建模过程信息,而这些信息对于生命周期内其他阶段是不需要的。

(3) 易被修改。在查看现有 CAD 模型时,基本上只能利用其建模环境浏览,对非设计者的浏览者来说,很容易在浏览过程中因操作不当而造成对原始模型的修改,造成不良后果。并且在维护保养阶段,对操作人员来说修改模型也是不必要的功能。

(4) 不利于知识产权保护。现有 CAD 模型包含大量的设计过程信息,这是设计者关于设计对象最重要的智力资产。而使用现有 CAD 模型进行交流,很容易泄漏设计过程信息,引起不必要的损失。

(5) 不利于异地协同应用。以一个舱段为例,采用目前的三维 CAD 软件建立较细致的船体结构模型,文件大小一般会达到 500MB,整船的结构模型文件则至少要达到 2GB 左右的量级。显然,在目前的网络条件下,要向异地协同人员共享这些数据有一定的难度。

在航空航天、机械、汽车等领域,也有类似的问题,在这些行业中的一个解决方案是采用轻量化模型,并取得了很好的效果。因此,有必要根据船体生命周期管理的特点,开发适用于船舶行业的轻量化模型。

综上所述,建立全生命周期内统一的船体结构信息管理模型具有迫切的必要性。船体生命周期模型应解决以下问题:

(1) 如何获取和表达船东需求,进而明确成设计任务,使设计方和船东实时地依据最新版本的设计信息展开讨论,最大限度地消除歧义。

(2) 如何表达船体结构的设计信息,包括初步设计、详细设计和生产设计各个阶段的相关数据,从基本结构型式、载荷到每个构件的形状、尺寸、材料等。

(3) 如何表达船体结构的建造及完工信息,包括建造工艺、建造过程、建造质量、生产管理、物料采购及订单等。

(4) 如何获取和表达船体结构的检验及维护保养信息,包括测厚数据等检验项目、安全性评估相关数据、保养要求、修理信息,以及"损坏/缺陷-勘验/发现-修理"流程的跟踪数据等。

(5) 如何获取和表达船体结构的报废拆解信息,包括处理工艺、物料管理、重量统计等。

(6) 如何将各阶段信息联系起来,包括设计任务与设计方案的联系,初步设计与详细设计的联系,详细设计与生产设计的联系,生产设计与船体建造的联系,船体建造与完工记录的联系,完工记录与维护保养、检验、修理之间的联系,完工记录与报废拆解的联系等。

通过对船体生命周期模型的需求分析和调查目前主要的 CAD 软件平台,选取了四种软件平台进行测试选型,即 UG NX、CATIA、SM3D、FORAN。由于 CAD 软件供应商同时提供配套的 PLM 系统,对此功能也进行了测试。

主要从以下几个方面进行了测试:软件运行环境;三维船体结构建模功能;二次开发功能;数据管理功能;网络协作功能;模型输出功能。

2.2.1　UG NX 及其配套软件测试

UG NX 软件采用文件管理的方式,后台不需要数据库的支持。依据欧洲船舶行业的设计习惯,开发了相应的船舶设计模块。UG NX 中的一些通用模块的功能,如曲面建立、型材创建、型材库的创建和管理、型材复制、板缝设计、关联设计、模型属性定义、模型导出、装配等功能,基本能达到建模要求,但还不足以实现船舶结构的高效建模。

(1) 操作系统建议为 Windows XP 32 位或 64 位,硬盘分区格式为 NTFS。

(2) 船体建模。

① 将型值表转换成 UG NX 可识别的 txt 文件,UG NX 读取 txt 文件生成型值点,然后拟合成样条曲线,再由曲线拟合为曲面。

② 通过选择相应的曲面来建立板材。对于一整张曲面,可生成块板;对于拼接的曲面,需要进行特殊处理,否则生成的板会在拼接处断开。

③ 通过定义型材截面形状生成一根标准的型材,保存为实体模型。在建立其他同种规格的型材时,先选择参考型材,再选择母线后形成型材。可以通过复制的方式生成多根型材。在曲面上创建型材时,如果曲面是多片,剖分所得曲线也是多条,需拟合为一条曲线。复制生成的型材与原型材的关系及标准库的关联关系可以自定义。镜像、复制、阵列后的零件可以有选择性地保持关联关系。

④ 对于板缝的划分,采取先建板再进行板缝设计的方法。先画出板缝所在位置的辅助线,输入属性生成板,板缝随之生成。板的命名由软件自动按序生成。板的厚度可用不同颜色表示,而且可自定义表示不同厚度的颜色。此时需要选取每一块板来定义属性。

(3) 建立一块 5m×10m 的板梁结构,需要 3 人工时。生成的模型文件为25.8MB。

(4) 没有满足船舶建模的基本库,但可以自定义型材库等,采用参数化的设计手段,在型材规格发生变化时,模型会自动随之改变。但型材库中每种型材都对应一个实体文件,文件量大,不方便管理。

(5) 对于板架结构,可以将板材与型材建立关联关系,当板材改变时,相应的型材模型也改动。在 UG NX 中,构件间的关系是通过"装配"树上的关系来定义的;可以定义两个实体间的联系。但要查询大模型中构件之间的关联关系,需要做些二次开发的工作。在 TEAMCENTER 中,管理这种关系可能会方便些。

(6) 在 UG NX 中,模型属性可以很方便地定义和扩展,并且能输出 BOM 报表,报表里零件信息包括了模型中所有的信息。

（7）可以很方便地生成任意剖面的二维工程图，符合通用的机械习惯，可以区分可见及不可见构件。三维模型修改后，可以方便地修改二维工程图。

（8）在 UG NX 中可以根据属性选择构件，但选择功能集成在某些特定操作下面，使用不是很方便。无法用颜色来表示属性。

（9）关于二次开发，UG NX 提供基于 VB、VC 的接口，也可用 UG NX 自带的 GRIP 进行二次开发。另外，UG NX 也提供了录制宏的功能。

（10）需借助于 TEAMCENTER 来管理多条船的模型。

（11）可以导出多种中间格式，如 STEP、IGES、VRML、JT 等，导出 JT 格式的是轻量化模型。在 UG NX 中，模型和库依赖关系只存在于建模过程中。模型建完导出时，所有的库都不必导出，导出的仅仅是几何模型，模型的其他属性需要借助 TEAMCENTER 来管理。UG NX 推荐使用 JT 格式，通过专用的 JT2GO 软件来浏览、查看。在 JT2GO 软件中，可以查看模型的装配关系，但是不能实现模型属性信息的获取、添加或修改；可以浏览任意的剖面图，可以随意缩放、旋转，但不能修改模型的颜色，不能分模块浏览。

（12）具有自己的有限元计算模块，如 NX. NASTRAN。在 UG NX 中生成的模型可以直接进行有限元分析。

图 2.3 和图 2.4 为使用 UG NX 建立的船体曲面模型及甲板板架模型。

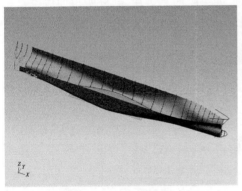

图 2.3　UG NX 的船体曲面模型　　　图 2.4　UG NX 的船体甲板板架模型

2.2.2　CATIA 及其配套软件测试

CATIA 建模软件对硬件的要求不是很高，3D 模型浏览时如果对流畅性要求较高，需要配置相应的内存储量和高性能显卡。

系统交互性良好，对于不同的设计阶段采用不同的模块化管理——SFD、SDD、SR1。四种建模路径——SFD-SDD-SR1、SDD-SR1、SFD-SR1、SR1。SFD 主要用于显示设计意图，直接进行设计，仅使用曲面模型，不能体现出板厚。在结构图已有的情况下,可直接进行 SDD 操作,使用实体建立模型。在 SFD 和 SDD 中建立的模型,通过系统转换器(自动)生成 SR1 文件,SR1 是一个文件包,其中每个构件存一个文件,SR1 显示构件装配文件。SR1 中可添加电气设备、管系等组件。

　　使用 CATIA 进行船体结构建模时,先建立基于整船或分段级的模型,它已将所有构件及属性信息包含其中,也就是说,可以提取得到我们所要的信息,可以自动生成整船的有限元模型,还可以将上述模型分解为构件级模型。或者可以直接建立基于构件级的 3D 模型,也能直接生成有限元模型。CATIA 通过各个曲面、参考面的约束,就可以生成一个个构件。

　　CATIA 有专用的基于零件级建模工具,可以通过模板定义进行快速零件建模。快速分解为零件模型,用于加工或管理。具有方便的板边界定义功能,边界可以是平面(板)、曲面(板)或者草绘形状,能够创建任意形状的内部板,能够通过复制快速创建形状相似的舱壁;方便的板厚和材料定义、更改功能和板边界定义功能。支持曲面替换,结构设计全部是关联设计,使用约束参考面可以快速建立板和骨材,可以用右键直接选取修改平面,构件复制时所有约束、特征同时复制,使用参数化修改,给定尺寸或修改尺寸,模型就做相应的修改。

　　能够通过标准开孔库、穿越的 3D 零件和草图等方式创建任意形状的开孔;使用复制功能能够快速创建形状相似的开孔;复制时保持了设计意图(如沿舷侧要保证与外板间距)。使用 Part Design 和 GSD 模块建立肘板库,使用用户特征和知识模板功能方便地定制公司重用率高的肘板,使用 * . catalog 文件管理肘板库,使用方便,仅仅需要选择必要的几何元素和修改必要的参数。

　　从库中选取相对应的型材截面,系统自动生成型材,系统已根据型材的位置、方向定义了不同类别供用户选用,可以根据这些类别定义不同的命名规则,型材放置位置可以是参考面、曲面、板、曲线及草绘,使用方便,在创建型材时选择,有方便的过滤功能,可一次创建或修改多条型材,以及方便的更换功能。

　　型材节点在同一界面定义,能够一次创建板材上的所有型材;具有方便的型材截面、材料和朝向定义功能,型材边界定义功能,端部节点定义功能。

　　建立一个舱段模型,一般需要 20 人工时,前提是建模人员对本软件相关操作比较熟悉,同时相关图纸资料详细。

　　一个舱段的 SFD 模型文件大小有 50MB 左右,生成 SR1 零件后可达到 180MB 左右,生成 3D XML 轻量化模型后,一个舱段有 2.5MB 左右。

　　测试阶段建模流程如下:

　　(1) 配置运行环境,建立基准面,生成外板轮廓。

　　(2) 完成双层底基本结构,包括加强筋等构件。

　　(3) 完成底、顶边舱强框架和斜板、舷侧纵骨、开孔。

　　(4) 完成甲板和舱口围板。

（5）细化甲板和舱口围板结构，完成槽型舱壁。

（6）添加节点库，完成舷侧肋骨、肘板。

（7）完成外板板缝线，生成全船曲面。

（8）模型细化、修改、完善。

CATIA 提供比较丰富的型材库、节点库，可以满足不同阶段建模要求。如果有特殊需要，可以添加自定义的型材库和节点库。

CATIA 提供装配结构树，直观地表示各构件间的关系。最新建立的母构件在最上方，子构件在母构件节点下，同级构件并列，分割成零件时是在原来整个构件结构中变成形如“. 1”、“. 1. 1”、“. 1. 1. 1”等的结构。

构件属性可以根据需要扩展，而且能方便地输出属性报表，包含 BOM 关系及构件的属性信息等。所有信息存储在模型文件中，需要时可选择属性导出 Excel 表，也可添加自定义的属性。

CATIA 能根据任何一个或多个属性（包括自定义属性）来选择要显示的构件，也可根据其属性值设定为不同的颜色。同时，具有生成二维工程图及外板展开图的功能。

CATIA 提供两种二次开发的途径：VBA 和 CAA。

VBA 提供了丰富的 API 接口，可以满足在建模时的一般需求，并且是免费的。

CAA 是 DS 公司为客户提供的一个可以编程的模块。该模块功能强大，但是编程难度也大，开发环境需要付费购买。

关于 3D XML Player 的二次开发，可使用 DS 公司提供的基于 ActiveX 组件技术的开放 API 接口，除几何形状信息外的信息都记录在 XML 格式的文本文件中，可采用类似 XML 文件的编程方法进行读写和扩展。

在建立船体结构模型时需要先配置基本参数和环境，每个船都作为一个项目来管理，与该船有关的模型文件保存在一个目录下。

CATIA 建立的模型，其数据、构件的几何信息和属性等信息都保存在模型文件中，可以不需要单独保存在数据库中。保存在零件文件中的信息也可以提取到 Excel 文件中。

基于 ENOVIA 平台可以实现船级社与船东、行驶船只等各方的协同。系统拓扑架构可根据实际应用需要采用服务器＋客户端（离线、在线）、服务器＋子站点等多种方式进行部署。

CATIA 轻量化模型的格式为 3D XML，客户端提供了 3D XML Player 和 3D Live 等浏览软件。其中，3D XML Player 是免费的，功能包含了基本的浏览、缩放等数据查看功能。同时提供了开放的 API 函数，可以通过二次开发满足特殊要求。3D Live 收取一定的客户端费用，提供与建模软件相似的一些功能，支持对图形的测量、属性查看、动画播放等高级查看功能，提供“离线”及“在线”多种数据查看方式。

在"在线"条件下,客户可以通过 3D Live 实时访问后台 ENOVIA 数据库中轻量化 3D 模型及各属性信息,并提供交互修改信息的能力。

在"离线"条件下,客户可以单独采用 3D XML Player 浏览轻量级 3D 模型,可以在 VB 编程环境中将 3D XML Player 的相关控件嵌入 VB 窗体上以浏览模型,但其提供的函数库不足以支持其他的交互操作。在 VB 编程环境中将源代码存盘后,再次打开时还需要重新加载控件。编程过程也不太稳定,时常会自动终止。

采用 3D XML 格式,数据量比较小,是原数据量的 1% 左右,数据格式是在 XML 格式基础上进行扩展。支持几何模型、公差标注、有限元可视化和客户化编程。该技术是由 Dassault 与 Microsoft 共同发布的,具有较强的技术支持条件。可以采用一键拷屏方式生成(可以是其他非 CATIA 三维数据)。

图 2.5 和图 2.6 为使用 CATIA 建立的船体曲面模型及舱段结构模型。

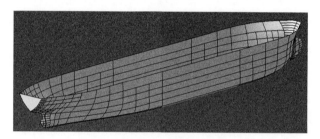

图 2.5　CATIA 的船体曲面模型

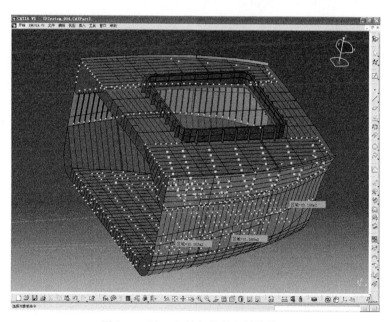

图 2.6　CATIA 的船体舱段结构模型

2.2.3　SM3D 及其配套软件测试

1. 测试过程中所涉及的软件产品

Smart Marine 3D(SM3D)——用于建立船体结构模型,由 Intergraph 公司提供,单独收费。

EZ Hull——基于船体型线生成船体曲面,生成的曲面文件可以导入 SM3D 中,供船体建模使用,由 EZgraph 公司提供,单独收费。

SP Foundation——用于船舶数据管理以及数据查询、统计,由 Intergraph 公司提供,单独收费。

SP Review——用于产品可视化成像,可以在客户端查看、查询信息以及标注相关信息,用于产品的工艺流程动态演示,由 Intergraph 公司提供,按模块数量收费。

SQL Server——用于保存模型数据,由 Microsoft 公司提供,单独收费。

2. 建模人员及工作量

Intergraph 公司技术工程师 1 人 2 天(每天约 8 小时)建成某散货船第一货舱分段,至详细设计程度。生成的数据库文件为 134MB。

3. SM3D 构建船体模型的方法

SM3D 是一款通过二维定义来得到三维模型的软件,遗憾的是,它自身不能处理船体曲面模型的建立,因此在使用之前需要通过 EZ Hull 来建立船体的曲面,再通过接口导入 SM3D 中,然后在此基础上进行整个船体模型的建立。也可以在 AutoCAD 中将型线图编辑成 EZ Hull 所需要的信息,再导入 EZ Hull 中生成曲面,这样比直接在 EZ Hull 中操作要快捷一些。

板的建立是通过在选取的二维截面上绘制出形状而完成的。添加骨材也是通过在二维界面上绘制出骨材的位置,然后选取形状限制边界,从而完成的。所以,在整个模型的制作过程中,基本上都是通过二维和三维的频繁转换实现的。对于二维几何图形信息的定义可以先在 AutoCAD 中完成,再导入 SM3D 的二维绘图环境中,这样比直接在 SM3D 中操作要快捷一些。

通过 EZ Hull 软件生成的船体曲面、肋位号、甲板平台高度、主要构件的边界形状建立坐标系统,结合图纸信息进行主要结构的布置,如甲板、内底板、底边舱斜板、顶边舱斜板、横舱壁等,同时定义构件的属性,如厚度、板缝、材料、型材截面朝向、是否连续等。

　　主要构件定义完成后,以主要构件为主体进行与其关联的构件定义,在处理相同尺寸、相同材料的构件时,可以通过多条定位线一次生成。

　　SM3D 本身的建模工作就是基于在选取的二维截面中,绘制母线后拉伸得到三维结构,因此该软件拥有强大的二维出图功能,通过选择投影面切换到二维空间。同时,能够满足二维工程图与三维模型同步一致,修改其中一方后,另一方也会同时被修改,减少了二次出图所需要的时间。另外,SM3D 具有生成外板展开图的能力,并能够按照客户的要求,在外板展开图上添加一定的信息。

4. 模型轻量化及模型管理

　　SM3D 自身没有模型轻量化的功能,该系统是将建模和轻量化分开来解决的,使用专用的可视化软件 SP Review 使模型得到轻量化。通过输出控制,可以有选择地进行属性输出,进行网上发布、三维模型的可视化、信息的查询、标注,同时也可以进行异地同时操作。

　　客户端在离线情况下只能使用 SP Review 来查看 SM3D 的轻量化模型,对应的文件格式为专用格式,不能被其他通用浏览器读入。SP Review 有三个版本,供不同需要的用户使用。它可以对轻量化模型中的构件修改颜色,获取属性,也可以将构件直接与 Office 文档关联。但 SP Review 中的结构树与模型关联程度不甚紧密。

　　多条船模型的管理是通过另一款软件 SP Foundation 进行的,两款软件在技术上是相互支持的。在 SP Foundation 中,可以将相同类型船的结构模型放在一个 set 内,以进行有效的管理及查询。

5. 对建模人员的要求

　　该软件需要建模人员具有一定的船舶设计和制造的相关知识和技能,因为该软件的使用过程需要严格遵循设计顺序。例如,建板的顺序是通过选取基面、绘制二维图形、选取界限的过程来完成的,而在制作过程中如果顺序出错可能会导致程序异常中断。

6. 关于二次开发

　　SM3D 对二次开发的接口和环境都是非常友好的,客户可以根据自己的要求,简单方便地使用 VB 等相关软件对其进行二次开发。

　　图 2.7 为使用 SM3D 建立的船体曲面模型。

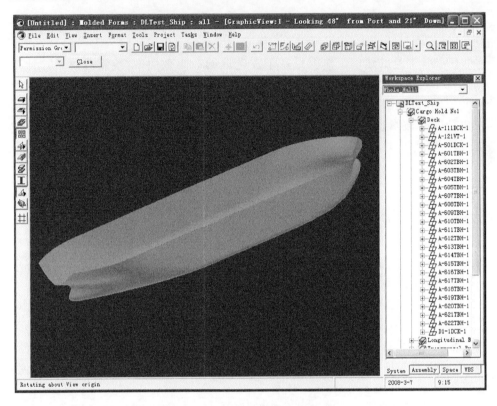

图 2.7　SM3D 的船体曲面模型

2.2.4　FORAN 及其配套软件测试

　　使用 FORAN 进行建模时,设计人员在一个完全交互的三维图形环境下工作。由于采用并行工程理念,结构和舾装可以平行设计。建模时完全靠建模人员点击图标操作,系统不提供命令流输入方式。

　　船体结构建模是基于线型的。在 DSG-N 的 fsurf 中建立型线,可将型值表处理为 xls、txt、pnt(FORAN 专用格式)格式后,导入 FORAN 自动生成型值点,描点成型线,然后生成船体曲面。

　　对于甲板、舱壁、肋板等典型结构都有不同的命令,先建板模型,再建上面的型材,建型材的同时赋属性及关联的端部型式、贯穿孔等,修改型材时关联信息自动改变。

　　对于板缝的划分,可以先建板再用工作平面切割,也可以先画出板缝所在位置的辅助线,用鼠标指示时会出现辅助线所包围的面域,或手工描绘板外部轮廓,再输入属性生成板,板缝随之生成。板的厚度用不同颜色标示,可自定义颜色,直观地表示板厚的差异,便于检查。对于船体外板可以拓扑化定义板缝线。

建立 72000DWT 油船第一货油舱的一个基本完整的结构(包括穿越孔、补板等),需要约 30 人工时。最后生成的数据库文件初始约 120MB,备份文件约9MB。

在 PRD 结构设计模块的 NORM 标准材料库中,有节点库、板材库、型材库等,资源比较丰富,满足基本建模需要,也可手动添加,均采用参数化设计,在型材发生变化时,节点形式会自动随之改变。

FORAN 的图形界面中没有表示构件关系的结构树。通过系统对话框,可以拓扑化复制、定义型材结构。

构件的基本属性比较齐全,如在什么舱段、几何信息等,但其他自定义属性需要二次开发完成,可行性未知。因此,不能根据属性(包括自定义属性)选择所要显示的构件,只能用不同颜色表示板的厚度。

可按照船舶专业习惯输出各专业的 2D 与 3D 图纸(总体、结构、舾装、管路和电气等),与 AutoCAD 有完全接口,可以直接读入 DWG 文件。可以很方便地生成外板展开图。

FORAN 提供丰富的 API,但由于未提供其二次开发平台相应的许可,二次开发暂未进行测试。

如果没有 PDM 软件,管理多条船的 FORAN 模型只能靠人工指定保存数据库的文件夹来完成。

全 3D 的船舶产品模型建立在 Oracle 数据库基础上,数据管理始终由 Oracle 完成,确保了数据模型的统一,同时也为与其他应用系统交换数据提供了方便的条件;同时,FORAN 可以支持分布式数据存储和管理,支持并行工程,可以满足异地协同设计的要求,不同专业的设计人员可以随时了解其他专业的设计进程、协调设计。一般采用一个服务器连接多个客户端的方式进行操作。

对于漫游、3D 仿真和装配顺序表达,该功能可以允许设计师随时通过漫游方式检查全船外观、各个零部件,可以应用 FORAN 专有的 Visual3D 软件(有三个版本,最基本的版本免费),客户端在浏览轻量化模型时可以不安装 FORAN。漫游时,通过点击可显示构件属性(板厚、所在分段等)。应用 Visual3D 浏览时,需要将FORAN 结构模型输出成 p3d 格式文件(产品的自有模型格式,只有 Visual3D 可以解析)。如果导成 JT 格式,需要先导出成 iges 或者 step 格式,在这个过程中构件关联信息会丢失。

FORAN 自身没有有限元计算功能,但可以导出 bdf 格式文件以便 Nastran 计算。

图 2.8 和图 2.9 为使用 FORAN 建立的船体曲面模型及舱段结构模型。

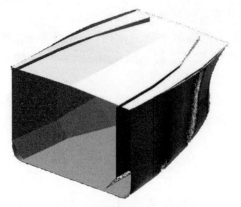

图 2.8　FORAN 的船体曲面模型　　　　图 2.9　FORAN 的船体舱段结构模型

2.2.5　软件测试小结

对上述四种软件主要功能对比总结如下。

1. 船体结构三维建模能力

CATIA：可以快速实现三维船体完整建模。颗粒度细，可以管理及修改任一零件的属性（包括自定义属性）；方便获取每一零件所需的属性报表；可由 3D 模型直接生成外板展开图；建立 48000DWT 散货船的第一货舱结构模型花费了 20 人工时，SFD 模型约 50MB，SR1 模型约 180MB。

FORAN：可以快速实现三维船体完整建模。颗粒度细，可以管理及修改任一零件的属性（不支持自定义属性）；方便获取每一零件所需的属性报表；可由 3D 模型直接生成外板展开图；建立 72000DWT 油船的第一货油舱结构模型花费了 30 人工时，模型数据库文件约 120MB，备份数据库文件约 9MB。

SM3D：可以快速实现三维船体完整建模。颗粒度细，可以管理及修改任一零件的属性（包括自定义属性）；方便获取每一零件所需的属性报表；可由 3D 模型直接生成外板展开图；建立 48000DWT 散货船的第一货舱结构模型花费了 16 人工时，模型数据库文件约 134MB。

UG NX：能实现三维船体完整建模，但不够方便。更适合于船舶概念设计；由于条件限制，无法对 UG NX 进行舱段模型建立的测试；建立一块加筋板模型花费了 3 人工时，模型文件约 25.8MB。

2. CAD 软件二次开发支持能力

CATIA：提供两种二次开发的途径：VBA 和 CAA。VBA 提供了丰富的 API

接口,可以满足在建模时的一般需求,并且是免费的。CAA 是 DS 公司为客户提供的一个可以编程的模块。该模块功能强大,但是编程难度也大,开发环境需要付费购买。测试时用 VB 编写了一段建立船体曲面模型的代码。

FORAN:编程语言为类似于 JScript 的 ECMASScript。二次开发的技术支持力度不够,无法对 FORAN 二次开发进行评价。

SM3D:编程语言为 VB,测试过程中了解到行业内一些用户对其进行二次开发的成功实例。

UG NX:编程语言为 VB/VC/GRIP,可以实现不同程度的功能。其中 GRIP 为脚本语言。

3. 船体结构有限元分析能力

CATIA:具有一个自带的模块可以完成有限元分析的前处理,计算及后处理,也可以将模型导出到其他有限元分析软件中。

FORAN:可以生成 Nastran 计算所需的 bdf 格式文件。

SM3D:可以生成可导入有限元软件的 iges 格式文件,但要进行分析还需要将其转换成板梁单元。

UG NX:可以完成有限元分析的前处理,然后将其导入 NX. Nastran 进行分析。

4. 轻量化模型生成能力

CATIA:轻量化模型为 3D XML 格式。3D XML 文件实际上是一个压缩文件,其中包括了构件几何信息(. 3drep)和构件非图形信息(. 3dxml)。可以由免费的 3D XML Player 打开,也可由付费的 3D Live 和 3D via Composer 打开。测试时建立的舱段模型转换成 3D XML 格式后文件大小约 2.5MB。

FORAN:轻量化模型为 p3d 格式,只能由 FORAN 专用的 Visual3D 模块打开。

SM3D:轻量化模型为 vue 格式,只能由 SM3D 专用的 SP Review 软件打开。测试时建立的舱段模型转换成 vue 格式后文件大小约 2.5MB。

UG NX:轻量化模型为 JT 格式,可以由免费的 JT2Go 打开。测试时建立的加筋板模型转换成 JT 格式后文件大小约 0.5MB。

5. 轻量化模型交互操作能力

3D XML Player(CATIA):可以缩放、旋转、拖动模型,可以查看模型的装配关系,从装配结构树上选择模块浏览。不能修改颜色,不能剖切,不能加批注,不能测量。

3D Live(CATIA):可以缩放、旋转、拖动模型,可以查看模型的装配关系,从装配结构树上选择模块浏览。不能修改颜色,可以测量,可以加批注,并可以保存加批注后的 3D XML 文件,可以制作漫游路径动画。可以和 CATIA、ENOVIA 搭配使用。

3D via Composer(CATIA):可以缩放、旋转、拖动模型,可以查看模型的装配关系,从装配结构树上选择模块浏览。可以修改颜色,可以加批注,可以测量。可以生成 BOM 表,可以制作动画,主要用于编写三维说明书。

Visual3D(FORAN):可以缩放、旋转、拖动模型,可以设定路径进行虚拟漫游。不能修改颜色,不能加批注,不能测量。

SP Review(SM3D):可以缩放、旋转、拖动模型,可以查看模型的装配关系,可以设定路径进行虚拟漫游。可以修改颜色,可以加批注,可以测量。

JT2Go(UG NX):可以查看模型的装配关系,但是不能实现模型属性信息的获取、添加或修改。可以浏览任意的剖面图,可以随意缩放、旋转,但不能修改模型的颜色,不能分模块浏览,不支持批注。

6. 轻量化浏览器二次开发支持能力

3D XML Player(CATIA):可以在 VB 编程环境下插入 3D XML Player 的控件,但是编写代码后存盘再打开,控件及代码为空,需要重新载入,编程过程极不稳定。也可以在 html 文件中插入 3D XML Player,编写 JScript 的函数实现选择构件、获得名字、更改颜色等操作,但采取网页的形式安全性难以保证,且脚本语言实现功能有限,编程效率低。

3D Live(CATIA):提供 CAA 和 VBA 两种开发接口。由于其为付费软件,没有进行测试。

3D via Composer(CATIA):不提供开发接口。

Visual3D(FORAN):不提供开发接口。

SP Review(SM3D):提供 VC 和 VB 两种开发接口。由于其为付费软件,没有进行测试。

JT2Go(UG NX):不提供开发接口。但通过 JT Open Toolkit 可以开发读写 JT 格式文件的程序。

从客户端软件的性能以及主要功能的支持程度来考虑,船体生命周期 CAD 建模软件平台选用 CATIA。

2.3　船体生命周期建模技术

2.3.1　几何模型建立方法

伴随着制造业的出现,人们开始研究产品建模问题。当然,传统的产品模型主要指几何模型，即设计图纸。早期的产品建模主要是从几何方面对产品进行定义与规范，主要包括产品的几何信息和拓扑信息。在计算机图形技术出现之前，只能靠手工绘制以三视图为基础的二维图形表达产品的结构。20 世纪 50 年代后期，CAD 技术开始发展，主要体现为计算机二维绘图技术。自此，随着计算机软硬件的发展和 CAD 技术理论的不断创新，CAD 技术已成为成熟的普及技术在企业中广泛应用，成为现实生产力。

在产品几何信息表达方式上，主要有以下几种方式，它们也代表了 CAD 技术经历的一系列阶段。

（1）二维模型。它是在平面上用点、线（包括曲线）等二维几何元素形成的图形及文字表示产品信息，是传统的制造过程中工程图纸在计算机上的实现。

（2）三维线框模型。线框模型是二维模型的一种直接延伸，即把二维几何元素扩展到三维空间，以棱边或交线定义三维几何形体。线框模型只能表达基本的几何信息，不能有效表达几何数据间的拓扑关系，也缺乏形体的表面信息。

（3）三维表面模型。表面模型在线框模型的基础上加入了面的元素，用来描述物体的各种表面或曲面。曲面建模方法最初以法国提出的贝塞尔算法为主，后来又发展到 B 样条方法、非均匀 B 样条方法、非均匀有理 B 样条方法（NURBS）。目前 NURBS 已成为曲线曲面描述最主流的技术，贝塞尔曲面、B 样条曲面、非均匀 B 样条曲面都被统一在 NURBS 标准形式中。

（4）三维实体模型。由于表面模型技术只能表达形体的表面信息，难以准确表达物体的其他特征，如质量、重心、惯性矩等，由此发展了实体造型技术。实体模型是利用若干基本体素，如长方体、圆柱体、球体、锥体及扫描体等通过布尔运算和基本变形操作等生成复杂形体的三维立体模型。其特点在于能够建立一个物体的完整形状模型，有严格的拓扑关系，能精确表达物体的全部几何属性。

这几种几何建模方式在船舶行业中都有所应用，二维图纸还是不可替代的一种方式，在有些场合必须使用二维图纸来说明问题。就船体结构的计算机表达而言，船体结构是由板架组成的封闭水密箱体结构。在船体结构设计时，要将整船结构分为首部、货舱段、尾部，或进一步划分为甲板、底板、舷侧、舱壁、上层建筑等来区别对待。无论哪一种局部结构，都是由两种基本的元素组成：板和加筋。这也是目前主流船舶 CAD 软件对船体结构的分解方式。

组成船体结构的两种基本元素（板和加筋）的厚度特征尺寸远小于其他两个维度的特征尺寸，在用计算机图形三维表达船体结构时，运用表面模型就可以满足要求，即用广义面模拟板，用广义线模拟加筋。根据船体结构特征，板的类型主要有平面板和曲面板。加筋的类型主要有直梁和曲梁。其中，加筋需要定义轨迹线，平面板需要定义边界线，而曲面板则需要定义边界线和特征线，这些轨迹线、边界线及特征线都可由多义线和样条曲线表达。图 2.10 说明了如何用表面模型表达船体结构。

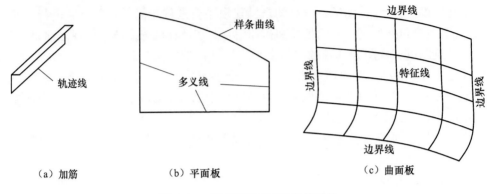

（a）加筋　　　　　　　　（b）平面板　　　　　　　　（c）曲面板

图 2.10　用表面模型表达船体结构

2.3.2　CAX 模型数据交换

1. 产品数据交换标准

在采用二维工程图纸的时代,工程师采用相同的符号、图形和标注来表达设计意图,但到了数字化模型时代,各种计算机系统却没有通用的表达格式。例如,各种 CAX 系统的文件格式都是商业秘密,不允许第三方软件任意读写,相应的产品数据表达方法直接依赖于具体的软件系统。长期以来,有很多研究机构致力于CAX 之间的数据交换,目前主要有两种方式。

（1）开发系统之间的接口,通过接口交换数据。在系统较少的情况,尚可采用这种方法,当系统增多时,接口的开发和维护工作量都急剧增加,这种方式则极不可行。

（2）各种系统保留自己的文件格式,但可以读写某种中性文件,通过中性文件进行数据交换和共享。很显然,这种方式对解决全行业的这一问题具有现实意义。

美国首先在 1980 年提出了 IGES 标准[68],被广泛用于各种 CAD 系统作为产品描述语言,但 IGES 对于相同的信息存在多种表达方式,增加了数据交换难度,而且 IGES 文件存储量较大,又增加了语法解析时间。IGES 只能存储 CAD 数据,不能完整表达产品生命周期数据。由此关于产品数据表达方式和交换标准的研究引起了各种研究机构的重视,各种数据表达和转换能力更强的存储格式也相继问世,STEP 即为其中最普遍使用的标准。经历十余年的研究之后,国际标准化组织 ISO TC184/SC4 建立了一套完整的 STEP 建模方法,包括建模语言、建模规范、体系结构、实现方法和测试框架等[69]。1994 年,STEP 首次发布了 12 个国际标准。目前,已制订的 STEP 标准涵盖机械、电子、船舶、汽车、航空、建筑等众多领域。

STEP 标准的首要目的是能够描述产品生命周期各阶段的数据,支持分布式计算机应用系统对这些数据的共享。其次,STEP 可以实现产品数据的长期存档。STEP 提供了一种独立于具体计算机系统的产品生命周期数据的描述机制,不仅适用于中性文件交换,也是产品数据长期存档的基础。STEP 标准采用文本和图形化语言 EXPRESS 描述产品信息,实现产品数据交换。EXPRESS 不是一种程序设计语言,没有逻辑控制、输入输出、异常处理等元素。EXPRESS 是面向对象的数据描述语言,它通过数据和约束清楚简明地定义对象。EXPRESS 采用数据实体、属性、规则、关系、功能和约束等概念描述通用资源和应用协议。EXPRESS 包含多种子集,且提供图形化的建模方法。目前主流的通用类 CAD 软件系统都提供对 STEP 格式的支持。

1992 年 ISO 成立了船舶 STEP 应用协议小组,专门负责制定船舶 STEP 标准,到现在已经形成了一套完整的船舶 STEP 标准体系,如图 2.11 所示。

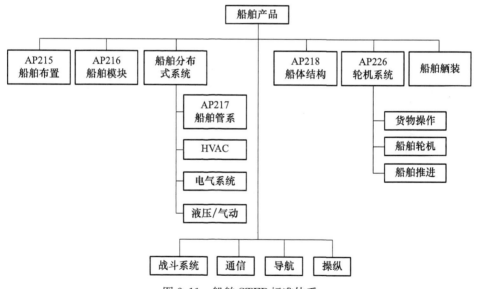

图 2.11　船舶 STEP 标准体系

船舶 STEP 标准的应用包括与各种 CAX 系统的接口、独立的数据翻译系统、程序编译环境,以及各种使用船舶 STEP 标准的系统[70]。实际应用时,应首先选择合适的应用协议进行开发。

尽管 STEP 标准在通用 CAD 系统中的应用已基本成熟,目前船舶 STEP 标准的商业应用还没能全面展开,船舶行业内有些大型软件正在逐步实现对船舶 STEP 标准的支持,但与真正的应用还有很长的一段距离。这一方面是由于船舶行业内用户集中度较低,各种终端用户还没有意识到船舶 STEP 标准的潜力,更没有意识到应推动软件开发商去支持这些标准;另一方面则是由于船舶 STEP 标准体系非常庞大,每个应用协议的内容都有上千页之多,相关支持软件也不够全面,导致理解起来比较困难,而 STEP 的建模语言 EXPRESS 又难于学习并完全实现,这也阻碍了船舶 STEP 标准的应用。

2. XML 简介

为减少 STEP 开发的资源,可以考虑通过使用 XML、文本文件这种易解析的中性文件在不同 CAX 系统之间进行数据交换。可扩展标记语言(eXtensible Markup Language,XML)是由万维网协会(W3C)于 1998 年 2 月发布的一种数据交换标准,用于定义 Web 网页上的文档元素和商业文档[71]。XML 最大的特点是将数据结构化,实现数据共享。作为标记语言,XML 又是一种元语言。XML 文件是由标签组成的 Mark-up 文件。使用 XML,开发人员可以针对信息内容自行定义标签(以"<"开头、">"结束),用来组织信息。

由于 XML 文档是一种结构化的标记文档,在创建 XML 文档之前,首先要确立其元素和结构,再根据结构的定义,填入实际的内容,形成一个 XML 文档。XML 的结构文件有两种定义方式:文档类型定义(Document Type Definition,DTD)和模式定义(Schema)。在解析 XML 文档时,通常要根据 DTD 或 Schema 做有效性验证。

为了用程序操作 XML 文件,W3C 提出了一个标准化的 XML 编程接口:文档对象模型(Document Object Model,DOM),它具有与浏览器、语言、平台无关的特点,允许程序和脚本动态访问和修改文档的内容、结构和类型。它定义了一系列的对象和方法对 XML 文件进行各种操作,常用的对象有 Document 对象、Node 类、Nodelist 类和 NamedNodeMap 类。

无论是计算机中的虚拟世界还是现实世界,在表达船体结构时都将其在逻辑上分解成各种"单元",这些"单元"之间都有逻辑上的组织、联系。可见,用 XML 表达船体生命周期信息有其天然的优势。

3. 船体结构的 XML 表达

根据前面对船体结构计算机表达的思路,可以确定在计算机中用表面模型表达船体结构的数据类型。图 2.12 说明了船体结构数字化表达的数据结构,并可按此建立相应的 XML Schema,生成 XML 文档。

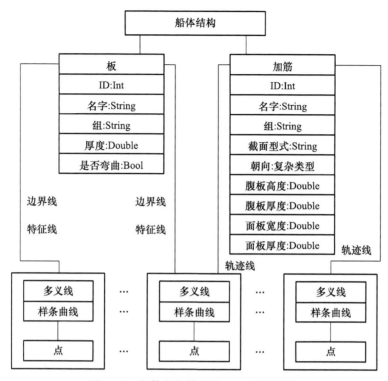

图 2.12　船体结构数字化表达的数据结构

以下是某船的船体结构 XML 文档：

＜?xml version = "1.0" encoding = "gb2312"?＞

＜xs:schema xmlns:xs = http://www.w3.org/2001/XMLSchema-instance
schemaVersion = "0.600"＞

＜ShipStructure＞

＜Plate id = "2134" name = "Deck2114" flatorcurve = "flat" group = "Deck"
thickness = "16"＞

　＜PolyLine＞

　＜Point x = "82400" y = "16000" z = "12500"/＞

　…

　＜Point x = "90400" y = "12000" z = "12500"/＞

　＜/PolyLine＞

　＜Spline＞

　＜Point x = "82400" y = "16000" z = "12500"/＞

　…

　＜Point x = "90400" y = "12000" z = "12500"/＞

　＜/Spline＞

```
</Plate>
<Stiffener id = "9308" name = "Stf1308" group = "HopLongStf" type = "L" side = "left"
flangeheight = "90" flangethickness = "9" webheight = "140" webthickness = "9">
    <PolyLine>
    <Point x = "82400" y = "14827" z = "10387"/>
    <Point x = "92400" y = "14827" z = "10387"/>
    </PolyLine>
    <Orientation i = "-0.866" j = "0.5"/>
</Stiffener>
</ShipStructure>
```

在 DOM 中,每个项目都被看成节点——元素、属性、注释、处理命令,甚至构成属性的文本。由 DOM 创建的节点树是 XML 文件内容的逻辑表示,它显示了文件提供的信息以及它们之间的关系。

Document 对象代表了整个 XML 文档,提供了对文档中数据进行操作的入口。Node 对象定义了一些最基本的属性和方法,利用这些方法可以实现对树的遍历。NodeList 对象提供了对节点集合的抽象定义。NamedNodeMap 类是可以通过名字访问节点的集合。通过这四个接口,可以完成对 XML 文档的绝大多数操作。

编程创建 XML 文档是通过 DOM 接口完成的,首先需要创建一个 Document 对象,使用 VB 来创建 Document 对象的语句如下:

```
Dim doc As Object
Set doc = CreateObject("Microsoft. XMLDOM")
```

为了把创建的文档对象实例化,需要采用以下语句加载 XML 文档:

```
doc. load("shipstructure. xml")
```

从 XML 文档中获取信息主要通过对 DOM 树的遍历来完成,有两种方法能得到树中的节点:nodeFromID 和 getElementByTagName。

4. 基于 XML 的船体结构 CAD 数据交换

本书基于 XML 研究了异构 CAD 系统间的船体结构数据交换。目前主流的商业 CAX 系统都支持二次开发,这为 CAX 系统的 XML 接口编写提供了基础。进入 CAD 系统后,遍历文件中的板类型对象和加筋类型对象,读取这些对象的点、线等几何属性信息,按照 XML 的语法即可转换成 XML 代码,生成 XML 文件。对于平面板对象,只需提取板的边界线,再将特征线处理成多义线或样条曲线。对于曲面板对象,需要提取边界线和特征线,再做处理。对加筋对象则直接提取其轨迹线。

将读取 CAD 文件输出成 XML 文件的模块定义为前处理器,前处理器的工作流程图如图 2.13 所示。

输入 XML 文件进入 CAD 系统生成相应的船体结构则是上述前处理过程的

逆过程,这一模块定义为后处理器。后处理器的工作流程图如图 2.14 所示。

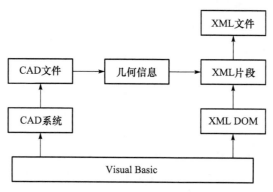

图 2.13 前处理器工作流程

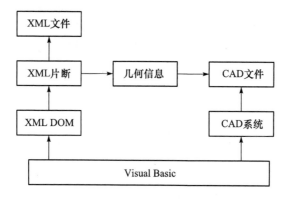

图 2.14 后处理器工作流程

基于 XML 的船体结构,CAD 数据交换系统的基本原理如图 2.15 所示。在异地协同设计时,设计人员可以将 CAD 文件输出成 XML 文件后在 Internet/Intranet 上发布给协同设计人员进行进一步设计、装配、检查等。

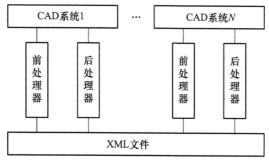

图 2.15 CAD 数据交换原理

　　本书在 CATIA V5 和 Intelliship 环境下对上述数据交换系统进行了验证。CATIA 和 Intelliship 都支持 VB 和 VC 二次开发。从现有二次开发的支持力度考虑,本书选用 VB 进行二次开发。

　　要对 CATIA 进行操纵,首先需要连接到它的 COM 接口,获得 Application 对象后就能对它的文档进行操作,这里主要用到 GetObject 和 CreateObject 两种方法[72]。在 CATIA 中,所有的数据都被封装成对象形式,并形成树形结构,这样就可以通过根对象对所有的其他对象进行访问。本书前述的表面模型在 CATIA 中对应为线框曲面对象 HybridBodies,包含在零件文档最上层的对象 Part 对象中。通过 VB 创建线框曲面模型的步骤如图 2.16 所示。

图 2.16　基于 VB 创建 CATIA 曲面模型的流程

　　以下是在 CATIA 中创建一个坐标点的完整代码:

```
Dim oCATIA As Object
Set oCATIA = CreateObject("CATIA.Application")
Dim oPartDoc As PartDocument
Set oPartDoc = oCATIA.Documents.Add("Part")
Dim oPart As Part
Set oPart = oPartDoc.Part
Dim oHSF As HybridShapeFactory
Set oHSF = oPart.HybridShapeFactory
Dim oPt1 As HybridShapePointCoord
Set oPt1 = oHSF.AddNewPointCoord(10,60,30)
```

　　与 CATIA 类似,Intelliship 也提供 COM 接口和 VB 二次开发,但不同的是 Intelliship 为三层架构建模方式(客户层-业务层-服务器层,其中客户层负责图形显示和提交命令,业务层负责生成模型、数据处理等事务,服务器层负责存储数据),采用数据库存储形式,因此在 Intelliship 中用 VB 二次开发的方法有所不同[73]。连接到 Intelliship 后,需要定义一个几何对象工厂 GeometryFactory,所有的几何对象都由它负责创建。通过 VB 创建模型的步骤如图 2.17 所示。

图 2.17　基于 VB 创建 Intelliship 曲面模型的流程

以下是在 Intelliship 中创建一个坐标点的完整代码：

```
Dim oPointFactory As New GeometryFactory
Dim oWorkingSet As IJDWorkingSet
Dim oActiveConnection As IJDConnection
Dim oTrader As New Trader
Dim m_oCurrentPoint As New Point3d
Set oWorkingSet = oTrader. Service(TKWorkingSet,"")
Set oActiveConnection = oWorkingSet. ActiveConnection
Set m_oCurrentPoint = oPointFactory. Points3d. CreateByPoints
                (_oActiveConnection. ResourceManager,10,60,30)
```

　　操纵 CAD 软件进行建模是后处理器的主要内容,而前处理器则要负责读取 CAD 文件中的几何信息。要在一个创建好的 CATIA 零件文档中查询几何信息, 可以直接访问几何对象的属性,如对于 HybridShapeSpline 对象可以利用其 Get-Point 方法获得其控制点的坐标值,但在 Intelliship 中,首先需要从数据库中查询 得到所有几何对象的 ID,然后遍历这些 ID,通过 ID_To_Object 接口重新得到这些 对象,然后得到这些对象的属性。

　　根据以上原理编写了这两个 CAD 软件的 XML 数据交换接口。首先在 Intelliship 中手工创建了一条散货船的第一货舱舱段模型,输出成 XML 文件,再导入 CATIA 的前处理器生成 part 模型。用于转换的模型中,板元素共 152 个,其中平面板元素 124 个,曲面板元素 28 个;加筋元素共 216 个,其中直线梁元素 84 个,曲线梁元素 132 个。实例如图 2.18 和图 2.19 所示。

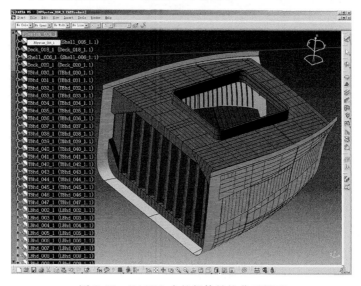

图 2.18　CATIA 中的船体结构曲面模型

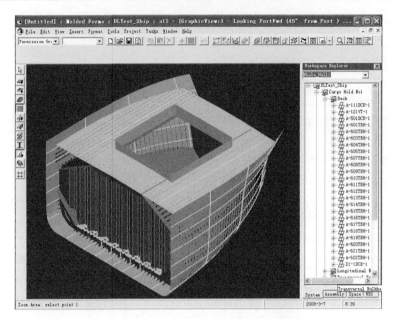

图 2.19　Intelliship 中的船体结构曲面模型

2.3.3　CAD 模型轻量化技术

1. 当前主要的轻量化 CAD 模型格式

一部分研究机构在研究更方便易用的数据交换格式的同时，又考虑到产品生命周期管理的支持，从而引出轻量化 CAD 模型的理念。由于其显著优点，轻量化 CAD 模型吸引了很多世界上有影响力的大公司参与研究。研究的重点主要集中于：①具有更高压缩比的压缩手段；②对 PLM 需求最大程度的支持。典型的轻量化 CAD 模型格式主要包括以下几个。

（1）3D XML。3D XML 是由 DS 公司开发的一种通用的、轻量的、基于 XML 的数据格式，该格式可使用户轻松快捷地捕获并共享 3D 模型数据[74]。3D XML 将原模型中的复杂数据高度压缩，提供快速的文件传输和缩短加载时间，同时保持交换文件的精确几何图形。由于 3D XML 完全基于标准的 XML，一般软件程序都将能够使用标准工具读取、编辑和增加 3D XML 的内容。在 CATIA 软件环境下，可以将三维模型直接存为 3D XML 格式。

（2）eDrawing。eDrawing 被称为全球第一种支持电子邮件交流三维产品数据的工具，由 DS 公司开发[75]。它的特点在于采用 exe 文件格式，也就是将浏览器和轻量化模型文件合二为一。在 SolidWorks 软件环境下，可以将三维模型直接存为 eDrawing 格式。

（3）JT。JT 是由西门子公司开发的一种用于产品可视化、协同设计和 CAD 数据交换的 3D 数据格式[76]。它可以存储由一般几何数据、精确的复杂曲面数据、产品制造信息和各种元数据信息组成的任意集合。据称 JT 是目前世界上应用最为广泛的 3D 文件格式。JT 的数据格式是公开的，并提供了相应的编程接口。在 UG NX 软件环境下，可以将三维模型直接存为 JT 格式。

（4）PLM XML。PLM XML 是由西门子公司开发的一种基于 XML 的数据格式，主要用于管理产品生命周期数据，因此它不仅关注于表达几何数据，而且涵盖了产品结构、加工工艺等管理信息[77]。PLM XML 的数据格式也是开放的，并具有良好的扩展性。它通过指针机制引用外部文件使自身文件轻量化。

（5）U3D。U3D 是由"3D 工业论坛"提出的一种开放的 3D 文件格式[78]。"3D 工业论坛"是由二十多个国际上在 CAD 方面的知名公司（包括 Intel、Boeing 等）发起成立的一个组织，旨在提出一种通用的 3D 格式，为各种 CAD 工具提供数据交换平台。目前大多数 CAD 文件都可以转换为 U3D 格式。U3D 格式自发布以来，就得到了 Adobe 的支持。从 Adobe Acrobat 7.0 开始，Adobe 的 PDF 格式支持在文档中嵌入 U3D 模型。

（6）X3D。X3D 是由 Web3D 提出的一个用来发布三维内容的开放标准[79]。X3D 不仅仅是一种程序 API，或仅仅是一种用来交换几何数据的文件格式，它能把几何数据和运行时行为的描述结合到单一的文件中，并且这个文件可以使用包括 XML 在内的不同的文件格式。X3D 是对 VRML97 ISO 规格进行的新的修订，修订工作结合了最新商业图形硬件特性的提升，并基于多年来 VRML97 开发团体反馈而进行的结构化改进。

（7）XVL。XVL 是由 Lattice 公司开发的一种基于 XML 的轻量 3D 数据格式[80]。与 3D XML 类似，XVL 文件也可以嵌在网页、文档或程序中。XVL 的特点在于采用 Gregory 曲面描述实体曲面，可以保证较高的压缩比和精度。Lattice 公司为一些常用的 CAD 软件设计了 XVL 转换器，以生成 XVL 格式文件。

表 2.1 为以上几类轻量化 CAD 模型格式的比较。

表 2.1　当前主要的轻量化 CAD 模型格式

名称	压缩方法	开发者	支持工具	应用范围	特点
3D XML	3D 图形压缩算法 参考-实例机制	Dassault Systemes	CATIA Delmia Enovia Spatial SmartTeam SolidWorks Virtools 3D XML Player	技术文档 用户手册 营销展示 网页嵌入 电子邮件	细节充分 多文档架构 易于使用 扩展性强
eDrawing	域特定	Dassault Systemes	SolidWorks	营销展示	exe 格式

续表

名称	压缩方法	开发者	支持工具	应用范围	特点
JT	无损压缩算法域特定	Engineering Animation UGS	JTOpen Toolkit JT2Go	PLM专用轻量化图形展示 CAD数据交换格式 一致的3D可视化表达	中性交换格式多文档支持
PLM XML	引用外部文件	UGS	UGSapplications Open XML	UGS PLM产品数据和第三方程序的连接	产品、零件及工艺咨询开源支持形状多种表达方式扩展性强
U3D	域特定节点-资源机制	3DIF	Adobe Acrobat	技术文档用户手册营销展示	细节充分渐进传输支持动画扩展性强
X3D	域特定	Web3D	X3D Tools	技术文档用户手册营销展示网页嵌入导航系统	轻量浏览器组件开放先进3D技术
XVL	域特定参考-实例机制	Lattice	CATIA UG NX	技术文档用户手册营销展示	Gregory曲面

2. 船体结构轻量化模型开发

为实现在全生命周期内对产品的三维模型快速浏览和信息查询,一个理想的轻量化模型应具有以下主要特点。

(1) 模型文件小,相对于原始模型压缩比高。模型浏览速度快,并且有利于模型异地传输。

(2) 平台无关性。浏览轻量化模型不依赖于原始模型的建模环境,有利于非专业人士查看设计模型。

(3) 信息适用性。既不包括冗余信息,又能完全清楚地表达产品结构信息。

在船体全生命周期内使用轻量化模型表达船体结构并支持全生命周期事务,至少需要解决以下问题。

(1) 用图形表达船体构件的属性(厚度、材料、应力等),以直观地向管理人员反映船体结构状态,并生成管理信息。

(2) 提取船体构件的工程计算信息,以进行性能计算、安全评估。

(3) 建立起舱室与构件之间的联系,可根据舱室名称查看相关的结构。

可见,由于船体生命周期管理的特点,现有的轻量化模型格式难以满足要求,需要建立一种专用于船体生命周期管理的信息集成模型。该模型不仅要采用轻量化图形表达构件的几何信息,而且要存储船体构件的管理信息,并能用图形描述管理属性信息。

船体结构信息集成模型(ship structure information integration model, SSIIM)应包括如下信息:

(1)图形信息。其中记录了构件的名称和几何信息。对于每一个构件,都由程序生成一个与之对应的显示列表名称。在模型初次被打开时,默认显示所有的构件,随后可以根据不同的选择条件查找到对应构件的显示列表名称,显示其图形信息。

(2)构件属性信息。其中记录了构件的各种管理属性,如材料、板厚、面积、重量、涂层参数、维护保养要求等。构件的截面型式、材料等信息以库的形式存放。为每种属性设置不同的取值配色方案,就可以直观地显示结构的各种状态。

(3)结构-舱室关联信息。在实际的维护保养事务中,通常是根据舱室名称查看其关联结构的情况,这时需要对构件-舱室的关系做出定义。船体结构信息集成模型的数据结构如图 2.20 所示。

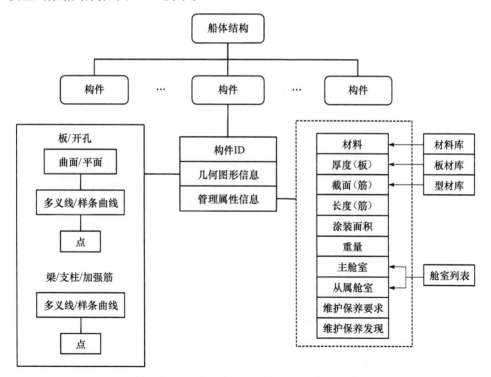

图 2.20　船体结构信息集成模型的数据结构

在生成船体结构信息集成模型时,需要特别注意构件划分原则、构件与舱室的关系等问题。现就这两点展开论述。

(1)构件划分。根据实际情况制定构件划分原则,不同的管理需求会产生不同的构件划分方式。例如,散货船顶边舱内的环形强肋骨腹板是由若干块板组成的。如果腹板厚度一致,并且在每次测厚结束后对于强肋骨腹板也只取一个厚度进行强度评估,就可以认为强肋骨腹板即是一个构件。但对于散货船货舱舷侧肋骨,由于IACS的要求,需要分成四个区域进行测厚,这就需要将一个构件拆成四个零件。

(2) 构件与舱室的关系。船体构件与舱室的关系比较复杂,首先是空间上交错,其次是逻辑上共用。这要求在建模时就应确定这些关系,或在建模之初制定一个原则,以免错误显示。例如,散货船顶边舱与货舱共用的构件为顶边舱斜板,无论在查看货舱关联结构还是在查看顶边舱结构时都必须显示,但此时需要界定顶边舱强肋骨与顶边舱斜板的关系。一般情况下,骨材是板材的附属结构,应随同板材显示,而此时如果在显示货舱结构的同时也显示出了顶边舱强肋骨,则容易使人混淆。因此,对于这种情况应事先制定好规则。

3. 船体结构轻量化模型支撑技术

船体结构信息集成模型的内容决定了它的实现将涉及图形显示技术、属性描述技术和文件压缩技术。在对船体构件的图形表达上,可以采用一些与传统 CAD 模型不同的方法来降低模型的复杂度。在传统的 CAD 模型中,图形显示需要大量的数据支持,如一块板被人孔、减轻孔、型材穿越孔等孔类图形元素贯穿后,这块板的边界就发生了变化,需要记录多边形和孔边界的交线;对于船体曲面,则由NURBS 曲线曲面表达等。对于这种情况,在轻量化模型中可以建立一种特殊的描述机制:在图形显示上,分别表达原来的板和孔,不进行布尔运算,而是用不同的颜色区分。对于曲线曲面也进行简化,以多义线代替曲线,以平面组合代替曲面;在属性描述上,使孔类元素的板厚恒为负值,其他属性与板类构件完全相同。这样既减轻了图形显示需要的数据量,又保证了计算属性。尤其是在处理边舱和首尾尖舱等开孔、曲面较多的复杂结构时,采用这种方法使得数据准备工作量大为降低。图 2.21 显示了在轻量化模型中对一个开孔板的简化表达方法。

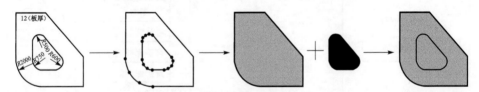

图 2.21　复杂图形轻量化表达方法(单位:mm)

OpenGL 是一个硬件图形发生器的软件接口,它包括了 100 多个图形操作函数,开发者可以利用这些函数来构造景物模型,进行三维图形交互软件的开发。本书选用 OpenGL 作为三维图形造型平台进行研究。关于 OpenGL 的文献已经很多,本书不再赘述。

在船体全生命周期内表达结构几何形状的图形信息相对变化较少,而属性信息一直在变化,在轻量化模型中将图形信息和属性信息分别表示。当船体结构在CAD建模环境下被最终确定后,各构件的面积、容积、体积、惯性矩等属性也可求出,在轻量化模型中构件就可只用于显示而不必再进行计算。除此之外,在模型的其他使用阶段,还应考虑到用户可能会有添加任意属性的需求。因此,在属性描述方面,应有良好的开放性,并需要一个能全面描述各种属性的载体。这里同样使用XML 作为属性描述语言,而在前面介绍的各种轻量化模型格式中,3D XML、PLM XML、X3D 和 XVL 也都是基于 XML 开发的。

为使模型文件更进一步轻量化,降低文件的体积是一个很有效的手段。一般有两种实现手段:①设计一种高效的数据格式,以简洁的代码描述复杂的信息,这需要再设计一种对应的解码机制,以读取描述高含量信息的代码。显然,这种方式比较复杂,典型的应用以 JT 格式、PLM XML 为代表。②采用基于 ZIP 或 RAR 的压缩技术。修改文件时需要先利用 WinZIP 或 WinRAR 将文件解压缩。这样做的好处是降低了文件容量的同时又保证了压缩后的文件不易受损。典型的应用以3D XML、XVL 为代表。本书采用第二种方式,基于 Xceed ZIP Compression Library 5.0 控件研究以文件压缩的方式使模型文件轻量化。

基于这三种核心技术生成船体结构信息集成模型的流程如图 2.22 所示。

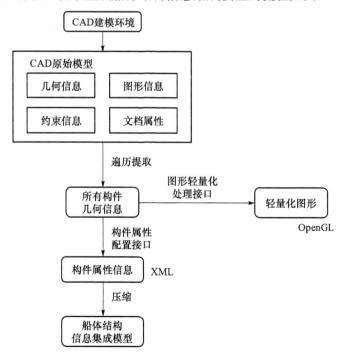

图 2.22　船体结构信息集成模型的建模流程

以上给出了一种船体结构轻量化 CAD 模型的实现方法。有时为了取得与 CAD 源模型的良好匹配效果,在工程应用中可直接使用 CAD 建模环境导出相应的轻量化模型格式,将属性数据记录在数据库中,通过模型构件 ID 将轻量化 CAD 模型与属性数据联系起来。本书在后续章节中使用前述选定的软件平台 CATIA 作为船体生命周期管理 CAD 建模环境,使用 3D XML 文件作为 CAD 轻量化模型格式。

2.4　船体生命周期管理 CAD 源模型建立方法

2.4.1　模型建立流程

图 2.23 为船体结构 CAD 源模型建立流程图。

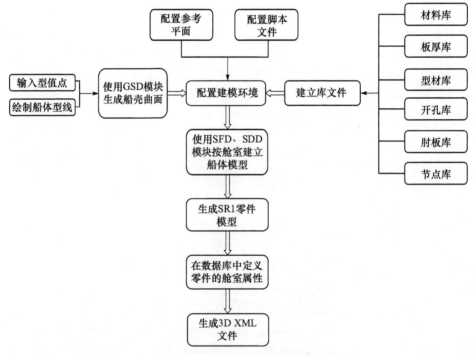

图 2.23　船体结构 CAD 源模型建立流程

2.4.2　配置建模环境

每条船需要配置独立的建模环境,其中包括船壳曲面、xyz 三方向的参考平面、材料库文件、板材厚度库文件、型材库文件、开孔库文件、肘板库文件。

1. 建立船壳曲面

根据肋骨型线图、型值表建立型值点文件,导入 CATIA 中建立型值点。

连接各点生成光顺的船体曲线,其中包括横剖线、水线、纵剖线、平底线、平边线、甲板边线、首尾轮廓线。

在 GSD 中根据船体曲线建立船体曲面,如果有 DWG 格式的型线图,可以直接将型线导入 CATIA 中。

建立全通甲板和内壳,以供各区域建模人员引用。以防止个人独立建立全船贯通构件时稍有差错而影响整船装配。

2. 建立建模环境及库文件

1) 建立建模环境

配置脚本文件,关联船壳曲面,由一人负责建立全船三向构件单位表(平台间距、肋骨间距、纵骨间距,如图 2.24~图 2.26 所示),生成一个 XML 文件,以供各区域建模人员引用。

2) 建立库文件

船体结构中构件繁多,其中又有大量几何相似、拓扑相似的构件,建库的目的就是减少生成每一个构件的重复劳动量。建库的范围涵盖材料、型材、板厚、开孔、型材端部型式、型材穿越孔、肘板等。

```
<Origin X = "0"   Y = "0"   Z = "0" />

<Direction X = "0"  Y = "0"  Z = "1" />

<Definition>
<!-- Note: Do not use plus sign ("+") for the Name's value.(e.g. use DECK.1 not DECK.+1) -->

<Plane Name ="DECK.0"  Type="Standard" Offset = "0"      ShortName = "X0"   Category = "MFZ" />
<Plane Name ="DECK.2170" Type="Special"   Offset = "2170"   ShortName = "X1"   Category = "MFZ" />
<Plane Name ="DECK.2900" Type="Special"   Offset = "2900"   ShortName = "X2"   Category = "MFZ" />
<Plane Name ="DECK.3700" Type="Special"   Offset = "3700"   ShortName = "X3"   Category = "MFZ" />
<Plane Name ="DECK.4500" Type="Special"   Offset = "4500"   ShortName = "X4"   Category = "MFZ" />
<Plane Name ="DECK.5300" Type="Special"   Offset = "5300"   ShortName = "X5"   Category = "MFZ" />
<Plane Name ="DECK.6100" Type="Special"   Offset = "6100"   ShortName = "X6"   Category = "MFZ" />
<Plane Name ="DECK.6900" Type="Special"   Offset = "6900"   ShortName = "X7"   Category = "MFZ" />
<Plane Name ="DECK.7700" Type="Special"   Offset = "7700"   ShortName = "X8"   Category = "MFZ" />
<Plane Name ="DECK.8500" Type="Special"   Offset = "8500"   ShortName = "X9"   Category = "MFZ" />
<Plane Name ="DECK.9300" Type="Special"   Offset = "9300"   ShortName = "X10"  Category = "MFZ" />
<Plane Name ="DECK.10100"  Type="Special"    Offset = "10100"  ShortName = "X11"  Category = "MFZ" />
<Plane Name ="DECK.10900"  Type="Special"    Offset = "10900"  ShortName = "X12"  Category = "MFZ" />
<Plane Name ="DECK.11700"  Type="Special"    Offset = "11700"  ShortName = "X13"  Category = "MFZ" />
<Plane Name ="DECK.12500"  Type="Special"    Offset = "12500"  ShortName = "X14"  Category = "MFZ" />
<Plane Name ="DECK.13300"  Type="Special"    Offset = "13300"  ShortName = "X15"  Category = "MFZ" />
<Plane Name ="DECK.14100"  Type="Special"    Offset = "14100"  ShortName = "X16"  Category = "MFZ" />
<Plane Name ="DECK.14900"  Type="Standard" Offset = "14900"  ShortName = "X17"  Category = "MFZ" />
<Plane Name ="DECK.15700"  Type="Special"    Offset = "15700"  ShortName = "X18"  Category = "MFZ" />
<Plane Name ="DECK.16400"  Type="Special"    Offset = "16400"  ShortName = "X19"  Category = "MFZ" />
<Plane Name ="DECK.17100"  Type="Special"    Offset ="17100"  ShortName = "X20"  Category = "MFZ" />
<Plane Name ="DECK.17800"  Type="Special"    Offset ="17800"  ShortName = "X21"  Category = "MFZ" />
<Plane Name ="DECK.18500"  Type="Special"    Offset ="18500"  ShortName = "X23"  Category = "MFZ" />
<Plane Name ="DECK.19200"  Type="Special"    Offset ="19200"  ShortName = "X24"  Category = "MFZ" />
```

图 2.24　平台间距(垂向)

```
<PlaneSystem Name ="CROSS">

<Origin    X = "0"   Y = "0"   Z = "0" />

<Direction X = "1"   Y = "0"   Z = "0" />

<Definition>
  <!-- Note: Do not use plus sign ("+") for the Name's value.(e.g. use CROSS.1 not CROSS.+1) -->
  <Plane   Name="CROSS.0"   Type="Standard"    Offset ="0"      ShortName="CR0"   Category = "MFZ" />
  <Plane   Name="CROSS.1"   Type="Standard"    Offset ="700"    ShortName="CR1"   Category = "MFZ" />
  <Plane   Name="CROSS.2"   Type="Standard"    Offset ="1400"   ShortName="CR2"   Category = "MFZ" />
  <Plane   Name="CROSS.3"   Type="Standard"    Offset ="2100"   ShortName="CR3"   Category = "MFZ" />
  <Plane   Name="CROSS.4"   Type="Standard"    Offset ="2800"   ShortName="CR4"   Category = "MFZ" />
  <Plane   Name="CROSS.5"   Type="Standard"    Offset ="3500"   ShortName="CR5"   Category = "MFZ" />
  <Plane   Name="CROSS.6"   Type="Standard"    Offset ="4200"   ShortName="CR6"   Category = "MFZ" />
  <Plane   Name="CROSS.7"   Type="Standard"    Offset ="4900"   ShortName="CR7"   Category = "MFZ" />
  <Plane   Name="CROSS.8"   Type="Standard"    Offset ="5600"   ShortName="CR8"   Category = "MFZ" />
  <Plane   Name="CROSS.9"   Type="Standard"    Offset ="6300"   ShortName="CR9"   Category = "MFZ" />
  <Plane   Name="CROSS.10" Type="WebFrame"    Offset ="7000"   ShortName="CR10" Category = "MFZ" />
  <Plane   Name="CROSS.11" Type="Standard"    Offset ="7700"   ShortName="CR11" Category = "MFZ" />
  <Plane   Name="CROSS.12" Type="Standard"    Offset ="8400"   ShortName="CR12" Category = "MFZ" />
  <Plane   Name="CROSS.13" Type="Standard"    Offset ="9100"   ShortName="CR13" Category = "MFZ" />
  <Plane   Name="CROSS.14" Type="Standard"    Offset ="9900"   ShortName="CR14" Category = "MFZ" />
  <Plane   Name="CROSS.15" Type="Standard"    Offset ="10700"  ShortName="CR15" Category = "MFZ" />
  <Plane   Name="CROSS.16" Type="Standard"    Offset ="11500"  ShortName="CR16" Category = "MFZ" />
  <Plane   Name="CROSS.17" Type="Standard"    Offset ="12300"  ShortName="CR17" Category = "MFZ" />
  <Plane   Name="CROSS.18" Type="Standard"    Offset ="13100"  ShortName="CR18" Category = "MFZ" />
  <Plane   Name="CROSS.19" Type="Standard"    Offset ="13900"  ShortName="CR19" Category = "MFZ" />
  <Plane   Name="CROSS.20" Type="WebFrame"    Offset ="14700"  ShortName="CR20" Category = "MFZ" />
  <Plane   Name="CROSS.21" Type="Standard"    Offset ="15500"  ShortName="CR21" Category = "MFZ" />
```

图 2.25　肋骨间距(纵向)

```
<PlaneSystem Name ="LONG">

<Origin    X = "0"   Y = "0"   Z = "0" />
<!-- -->

<Direction X = "0"   Y = "1"   Z = "0" />

<Definition>
  <!-- Note: Do not use plus sign ("+") for the Name's value.(e.g. use LONG.1 not LONG.+1) -->
  <Plane Name ="LONG.-16100" Type="Standard" Offset = "-16100" ShortName="L-19" Category = "MFZ" />
  <Plane Name ="LONG.-15400" Type="Standard" Offset = "-15400" ShortName="L-20" Category = "MFZ" />
  <Plane Name ="LONG.-14650" Type="Standard" Offset = "-14650" ShortName="L-19" Category = "MFZ" />
  <Plane Name ="LONG.-13950" Type="Special"  Offset = "-13950" ShortName="L-18" Category = "MFZ" />
  <Plane Name ="LONG.-13600" Type="Standard" Offset = "-13600" ShortName="L-17" Category = "MFZ" />
  <Plane Name ="LONG.-12800" Type="Standard" Offset = "-12800" ShortName="L-16" Category = "MFZ" />
  <Plane Name ="LONG.-12000" Type="Special"  Offset = "-12000" ShortName="L-15" Category = "MFZ" />
  <Plane Name ="LONG.-11200" Type="Standard" Offset = "-11200" ShortName="L-14" Category = "MFZ" />
  <Plane Name ="LONG.-10400" Type="Standard" Offset = "-10400" ShortName="L-13" Category = "MFZ" />
  <Plane Name ="LONG.-9600"  Type="Standard" Offset = "-9600"  ShortName="L-12" Category = "MFZ" />
  <Plane Name ="LONG.-8800"  Type="Standard" Offset = "-8800"  ShortName="L-11" Category = "MFZ" />
  <Plane Name ="LONG.-8000"  Type="Special"  Offset = "-8000"  ShortName="L-10" Category = "MFZ" />
  <Plane Name ="LONG.-7200"  Type="Standard" Offset = "-7200"  ShortName="L-9"  Category = "MFZ" />
  <Plane Name ="LONG.-6400"  Type="Standard" Offset = "-6400"  ShortName="L-8"  Category = "MFZ" />
  <Plane Name ="LONG.-5600"  Type="Standard" Offset = "-5600"  ShortName="L-7"  Category = "MFZ" />
  <Plane Name ="LONG.-4800"  Type="Standard" Offset = "-4800"  ShortName="L-6"  Category = "MFZ" />
  <Plane Name ="LONG.-4000"  Type="Special"  Offset = "-4000"  ShortName="L-5"  Category = "MFZ" />
  <Plane Name ="LONG.-3200"  Type="Standard" Offset = "-3200"  ShortName="L-4"  Category = "MFZ" />
  <Plane Name ="LONG.-2400"  Type="Standard" Offset = "-2400"  ShortName="L-3"  Category = "MFZ" />
  <Plane Name ="LONG.-1600"  Type="Standard" Offset = "-1600"  ShortName="L-2"  Category = "MFZ" />
  <Plane Name ="LONG.-800"   Type="Standard" Offset = "-800"   ShortName="L-1"  Category = "MFZ" />
```

图 2.26　纵骨间距(横向)

2.4.3　船体结构建模

1. SFD 建模

1) 建模区域划分

如图 2.27 所示,根据船体结构特点将全船分成若干区域,分别指定人员建模。分为首部区域、货舱区域、机舱区域、尾部区域、上层建筑及甲板室区域、设备与系统等几部分,其中货舱区域按照货舱数量来划分模型,以横向的水密舱壁所在的肋位作为分割的界限。当压载舱的长度大于货舱长度时,该压载舱的外板和横框架存放在一个 SFD 模型中。

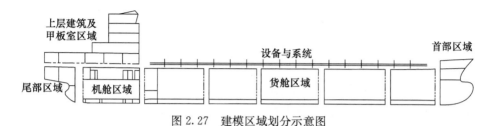

图 2.27　建模区域划分示意图

具体划分如下所示。

ForePart(首部区域):防撞舱壁以前的结构,包含首楼。

CargoArea(货舱区域):主甲板以下机舱前壁与防撞舱壁之间的货舱区域,包括货物舱、污油舱及相邻区域舱室,如压载水舱、燃油舱、空舱等。一般地,在货舱横舱壁位置处划分成多个全船宽的分段进行建模,各分段以货舱名称进行命名。

MachinerySpace(机舱区域):主甲板以下从机舱后壁到机舱前壁之间的结构。

AftPart(尾部区域):主甲板以下机舱后壁以后的结构。

SuperstructureAndDeckhouse(上层建筑及甲板室区域):上层建筑(如尾楼)与甲板室在结构树中分别作为单独分段进行建模。

EquipmentAndSystem(设备与系统):露天甲板上的管系和甲板舾装件等。

舱壁归属原则:舱壁归属于舱壁扶强材所在的舱室,槽型舱壁归属于前舱室。

2) 分段划分

这里的分段是指在全船结构三维建模过程中在区域划分基础之上进一步对结构建模划分,最终形成能够独立使用的三维模型。

基于区域进行如下的分段划分。

ForePart:一般地,具有首楼的首部区域以主甲板为界限分为上下两个分段建模,上面分段以首楼名称(Forcastle)进行命名,下面分段以首尖舱名称(FPT)进行命名。

CargoArea:一般地,在货舱横舱壁位置处划分成多个全船宽的分段,各分段以货舱名称进行命名,对油船,如 COT1、COT2;对散货船,如 CH1、CH2。

MachinerySpace:一般地,机舱区域只有一个分段,分段名称为 ER。

AftPart:一般地,尾部区域以尾尖舱舱顶为界限分为上下两个分段进行建模,上面分段以舵机舱名称(SGR)进行命名,下面分段以尾尖舱名称(APT)进行命名。

3) 主要结构划分

主要结构分为以下几种。

(1) Deck(甲板),分为以下几类:

① MainDeck(主甲板);

② ForcastleDeck(首楼甲板);

③ PoopDeck(尾楼甲板);

④ BridgeDeck(桥楼甲板);

⑤ Platform(平台)。

(2) Side(舷侧),分为以下几类:

① InnerHull(内舷侧);

② SideShell(外舷侧)。

(3) SlopingPlating(边舱斜板),分为以下几类:

① Topside(顶边舱斜板);

② Hopper(底边舱斜板)。

(4) Bottom(船底),分为以下几类:

① InnerBottom(内底);

② BottomShell(外底)。

(5) Bulkhead(舱壁),分为以下几类:

① TranBHD(横舱壁);

② LongBHD(纵舱壁)。

(6) PSM(主要支撑构件),分为以下几类:

① WebBeam(强横梁);

② WebFrame(强肋骨);

③ TopsideWeb(顶边舱横隔板);

④ DoubleHullWeb(双舷侧横隔板);

⑤ HopperWeb(底边舱横隔板);

⑥ CrossTie(横撑);

⑦ Floor(肋板);

⑧ Girder(纵桁);

⑨ Stringer(水平桁)。

(7) Other(其他),分为以下几类:

① CriticalArea(关键区域);

② Bracket(肘板)。

4) SFD 建模详细程度

只建立主要构件,如外板、甲板、舱壁、纵骨、横梁、扶强材等。建模时应先建立板材,再建立骨材、开孔和板缝,同时还应符合实船对理论线、非对称型材方向的定义。

5)模型中构件的命名

对舱室、结构分类、构件及位置在 CATIA 自定义命名时的简称如表 2.2～表 2.4 所示,以有效地缩短构件名称长度。

表 2.2　主要骨材名称缩写

缩写	说　明
DL	deck longitudinal,甲板纵骨
SL	side longitudinal,舷侧纵骨
TL	top side tank sloping plating longitudinal,顶边舱斜板纵骨
IL	inner hull longitudinal,内舷侧纵骨
LL	longitudinal bulkhead longitudinal,纵舱壁纵骨
HL	hopper tank sloping plating longitudinal,底边舱斜板纵骨
NL	inner bottom longitudinal,内底纵骨
BL	bottom longitudinal,船底纵骨
BM	beam,横梁
FM	frame,肋骨
ST	stiffener,扶强材/加强筋
BK	bracket,肘板

表 2.3　主要舱室名称缩写

缩写	说　明
COT	cargo oil tank,货油舱
CH	cargo hold,干货舱
WBT	water ballast tank,压载水舱
DWBT	double bottom water ballast tank,双层底压载水舱
WWBT	wing water ballast tank,边压载水舱
SWBT	side water ballast tank,边压载水舱
HOP	hopper tank,底边舱
TOP	top side tank,顶边舱
APT	aft peak tank,尾尖舱
FPT	fore peak tank,首尖舱
FWT	fresh water tank,淡水舱
FOT	fuel oil tank,燃油舱
HFOT	heavy fuel oil tank,重燃油舱
LOT	lubricate oil tank,滑油舱
DOT	diesel oil tank,柴油舱

缩写	说　明
SLOP	slop tank，污油水舱
ER	engine room，机舱
SGR	steering gear room，舵机舱
PUMP	pump tank，泵舱
FCLE	forecastle，首楼
POOP	poop，尾楼

表 2.4　构件名称各部分简称

舱室	简称	结构分类	简称	位置	简称	构件	简称
干货舱	CH	主甲板	MDK	左舷	P	板	PL
货油舱	COT	首楼甲板	FDK	右舷	S	加强筋	ST
压载水舱	WBT	尾楼甲板	PDK	船中	C	支柱	PR
双层底压载水舱	DWBT	桥楼甲板	BDK	肋位号	FR	甲板纵骨	DL
边压载水舱	SWBT	内舷侧	IHU	平台号	PF	舷侧纵骨	SL
底边舱	HOP	外舷侧	SHL	左舷距中距离	P-	顶边舱斜板纵骨	TL
顶边舱	TOP	顶边舱斜板	TSTS	右舷距中距离	S-	内舷侧纵骨	IL
尾尖舱	APT	底边舱斜板	HPPS			纵舱壁纵骨	LL
首尖舱	FPT	内底板	IBTM			底边舱斜板纵骨	HL
淡水舱	FWT	外底板	SBTM			内底纵骨	NL
燃油舱	FOT	横舱壁	TBHD			船底纵骨	BL
重燃油舱	HFOT	纵舱壁	LBHD				
滑油舱	LOT	强横梁	WEBB				
柴油舱	DOT	横梁	BM				
污油水舱	SLOP	强肋骨	WEBF				
机舱	ER	肋骨	FM				
舵机舱	SGR	顶边舱横隔板	WEBT				
泵舱	PUMP	双舷侧横隔板	WEBD				
首楼	FCLE	底边舱横隔板	WEBH				
尾楼	POOP	横撑	CT				
隔离空舱	CFDM	肋板	FLR				
冷却水舱	CWT	纵桁	GD				
储藏室	ST	水平桁	STG				
上层建筑	SPS	肘板	BRK				
甲板室	DH	舱口盖	HTH				
		舱口围板	HTCM				
		凳	STL				
		尾封板	TSM				
		关键区	CA				

构件命名采用 UCC(Upper Camel Case)英语命名规则。

下划线"_":用于连接节点名称中的各字段。

连接线"-":用于连接多个字符串形成节点名称字段。

圆点".":用于连接同一构件拆分后形成的序列号。

构件的名称一般为"舱室名称＋结构分类＋位置＋构件类型＋构件拆分序列号"。

舱室:对于货舱这种同类型有多个的舱室,在舱室名称后加数字编号;对于机舱这种同类型只有一个的舱室,在舱室名称后不加数字编号。

结构分类:使用 CATIA 建模时,用结构分类简称有助于提高效率。

位置:用于简要标明构件的位置,与其他同类型构件区分开。位置信息主要有横向(左舷/右舷/船中/左舷及距中距离/右舷及距中距离)＋纵向(肋位及肋位号)＋垂向(平台及平台号)。三种位置信息可以同时使用,也可以只使用其中一两种,视具体构件而定。"左/右舷及距中距离"用于纵舱壁、旁桁材这种横向有同类型构件时在 part 名称上区分。

构件类型:将船体结构构件分为三类(板/筋/支柱)。

构件流水号:按位置以"从后到前,从中间到两边,从下到上"的顺序生成。

例如,机舱左舷一块外板的名称:"ER_SHL_P_PL.7"。

第 5 货油舱甲板右舷第 3 根甲板纵骨第 2 段的名称:"COT5_DK_P_DL3.2"。

COT5 货油舱和 COT6 货油舱之间的 FR132 肋位处的横舱壁上左舷侧一块板材的名称:"COT5-COT6_TBHD_P-FR132_PL.5"。

第 5 压载舱左舷第 12 号旁桁材上的一根加强筋的名称:"WBT5_GD_P-L12_ST2.4"。

同类构件如内壳板,在建模过程中如果需要打断处理,则所有被打断的板材使用同一个名称命名,以保证在转换到 SR1 模块时所有的板材和筋在同一个 Product 下。

如有类似以下分舱情况:第 2 压载舱为 FR156-204,3 号货舱为 FR156-188,即压载舱纵向长度大于货舱时(图 2.28～图 2.30),压载舱的外板、横框架模型建立在 1 个 SFD 模型中,内壳板模型建立在 2 个 SFD 模型中。

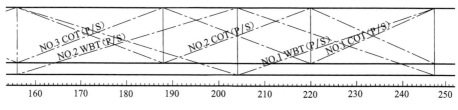

图 2.28　压载舱、货舱分舱-1

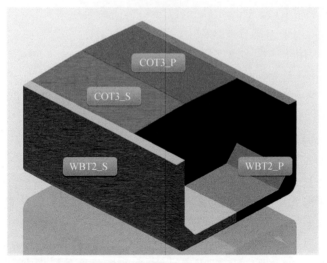

图 2.29　压载舱、货舱分舱-2

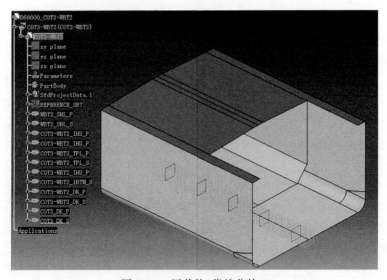

图 2.30　压载舱、货舱分舱-3

模型板材的板缝按照实际的板缝进行划分。

型材的交汇处需要对型材端部进行处理。

插入的辅助图形如内壳板曲面、甲板曲面放在单独的几何图形集中。

建立横舱壁板时,上边的平台名称要与横舱壁区分,以便于后面的模型重组。

建立骨材时需要注意:

(1) 不能让骨材穿越板材的开孔,形成 2 个骨材;

(2) 骨材不能建立在有折角线的地方,如果必须建立,需要将骨材分段。

2. SDD 建模

将各分段的 SFD 模型转换成 SDD 模型,根据模型需要对 SFD 模型进行划分,再转换 SDD 实体模型。

建立肘板、开孔、型材端部型式、型材穿越孔等详细形式。

在转换 SR1 模型之前,修改 SFD 和 SR1 模型中构件名称,使得构件名称符合命名规则的要求。

将各分段的 SFD 模型导入 SR1 模型,进行装配。

3. SR1 模型结构树重组

全船船体结构(含相关设备与系统)根据一定的组织规则形成一棵 8 级的结构树。结构树各级节点命名规则如表 2.5 所示。

表 2.5　结构树

用于甲板、舷侧、边舱斜板、船底和舱壁结构		
级别	说明	命名规则
一级节点	船名	[ShipName]
二级节点	区域名	[AreaName]
三级节点	分段名	[BlockName]
四级节点	主要结构名	[BlockName]_[StructrueName]
五级节点	主要结构分类名	[BlockName]_[StructrueType]<_P/C/S/FrNo>
六级节点	结构组名	[BlockName]_[StructrueType]<_P/C/S/FrNo>_[Group]
七级节点	构件名	板材:[TankName]_[StructrueType]_[P/C/S]<-FrNo>_[PLx]<.i> 骨材:[TankName]_[StructrueType]_[P/C/S]<-FrNo>_[STx]<.i>
用于主要支撑构件		
一级节点	船名	[ShipName]
二级节点	区域名	[AreaName]
三级节点	分段名	[BlockName]
四级节点	主要结构名	[BlockName]_PSM
五级节点	主要结构分类名	[BlockName]_[PSM Type]
六级节点	主要结构分类实例	[BlockName]_[PSM Type]<_P/C/S/FrNo>
七级节点	实例结构组名	[BlockName]_[PSM Type]<_P/C/S/Frnnn>_[Group]
八级节点	实例构件名	板材:[TankName]_[PSM Type]_[P/C/S]<-FrNo>_[PLx]<.i> 骨材:[TankName]_[PSM Type]_[P/C/S]<-FrNo>_[STx]<.i>

注:(1) [ ]:必选项,< >:选择项,/:任选其一。
(2) ShipName:为具体船名。
(3) P:左舷;C:船中;S 右舷;FrNo:No 为肋位号。
(4) Group:板材为 Plates,骨材为 Stiffeners。
(5) PL 代表板材;ST 代表骨材,实际命名参见表 2.2;x 为构件号;i 为拆分序列号。

　　船体结构建模结构树模板设置如图 2.31 所示,在实际模型结构树中忽略不适应项。

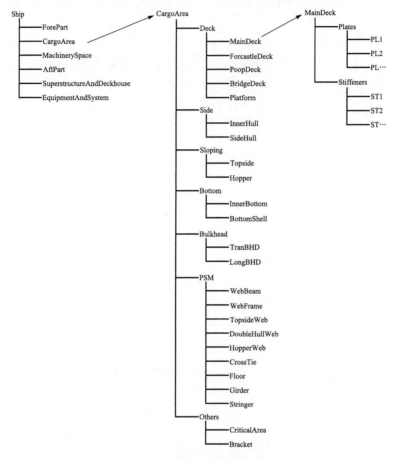

图 2.31　模型结构树示意图

2.4.4　全船舱室曲面建模

1. 模型功能

该模型用于程序操作过程中 3D 舱室的选取。

2. 模型要求

该模型以船舶功能性舱室为单位,不要求建立舱内构件模型。用户操作时以单个舱室为单位进行操作,这就要求保证舱室完整性,因此建模时对于公共舱壁需建立两个曲面,以保证单独显示舱室时,舱室是独立、完整的。

3. 建模模块

基于 SFD 的结构模型,使用 CATIA 曲面建模模块分割出每个封闭的舱室,将所有舱室组合成全船舱室曲面模型。

4. 建模流程

在船壳曲面的基础上,根据图纸信息建立全船的甲板曲面,以便组成整船的外形,再根据结构图的位置结构信息建立内壳曲面,这些曲面都可以利用船壳曲面和甲板曲面作为边界进行切割。纵向舱壁、横向舱壁、其他甲板及平台,可以利用坐标平面,通过拉伸等操作快速得到所需曲面。最后,全船及舱室曲面模型建好后,可根据需要更改曲面颜色,实现相邻舱室的区分。

5. 结构树

如表 2.6 所示,全船舱室模型结构树为 2 级结构树。

表 2.6　结构树

级别	说明	命名规则
一级节点	船名	[ShipName]
二级节点	舱室名	[TankName]

图 2.32 为全船舱室曲面模型的应用示例。

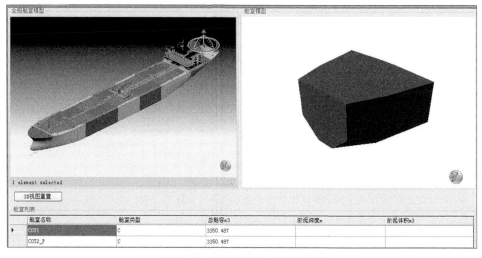

图 2.32　全船舱室曲面模型应用

2.4.5　IACS 舱曲面建模

1. 模型功能

IACS 涂层评价参考模型用于验船师在进行年度、期间和特别检验时对海水压载处所内的涂层状况评估,有需要时,对甲板、水线附近及以上的船体外板和货舱的涂层状况评估。

2. 涂层评价参考区域的划分

1) 边舱、双层底舱

如图 2.33 所示,舱室的顶板和底板包括其上的附属结构各作为一个参考区域;舷侧外板及纵舱壁包括其上的附属结构各分为上、中、下三个参考区域;前后横舱壁包括其上的附属结构各分为上、中、下三个参考区域。

2) 首尖舱

如图 2.34 所示,首尖舱包括边界和附属的结构,分为上、中、下三个参考区域。图中标注的尺寸单位为 mm。

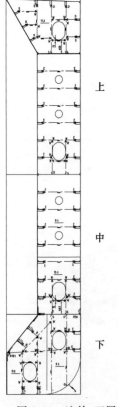

图 2.33　边舱、双层底舱涂层评价参考区域划分

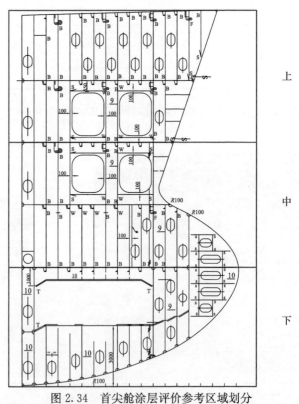

图 2.34　首尖舱涂层评价参考区域划分

3）尾尖舱

如图 2.35 所示，尾尖舱包括边界和附属的结构，可分为上、下两个参考区域。

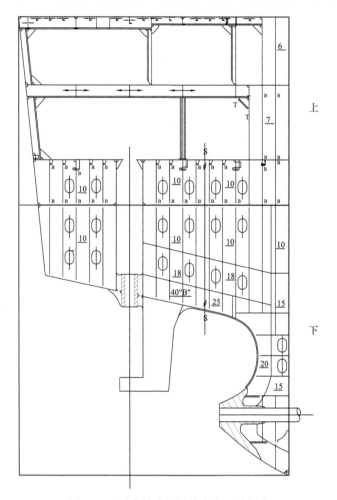

图 2.35　尾尖舱涂层评价参考区域划分

3. 模型要求

根据上述区域的划分，建立船舶压载舱的 IACS 模型，在模型中以每个参考区域为独立单元，使得验船师可以对该参考区域的涂层状态进行整体评估。

4. 结构树

如表 2.7 所示，IACS 舱模型结构树为 4 级结构树。

表 2.7　结构树

级别	说明	命名规则
一级节点	船名	[ShipName]
二级节点	舱室名	[TankName]
三级节点	参考区域名	[AreaName]
四级节点	片体名称	[SurfaceName]

图 2.36 为 IACS 舱曲面模型的应用示例。

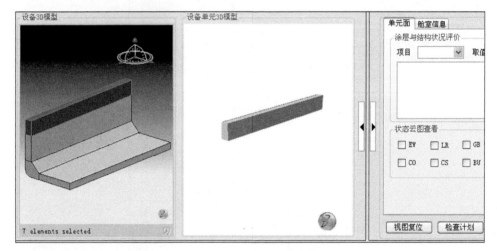

图 2.36　IACS 舱曲面模型应用

2.4.6　CREW 舱曲面建模

1. 模型功能

CREW 舱曲面模型用于船员在定期维护保养过程中,对压载舱内涂层状况进行记录,通过对 3D 模型中构件的选择定位,完成记录的填报工作。

该模型以纵桁、肋板、水平桁、边舱横隔板等贯穿构件为间隔,对压载舱进行划分,形成若干封闭的体面单元。

对于 CREW 舱模型的所有单元体,用唯一的编号来标识,目的是船员在进行单元体涂层状况记录录入时,能够快速地找到对应的构件,方便记录填写。

编号原则:以船体坐标系为坐标系,先以 X 轴方向遍历单元块,再向 Y 轴方向移动一列,继续以 X 轴方向遍历。Z 轴方向单元块同 Y 轴处理。

2. 模型要求

由于功能的需要,CREW 舱曲面模型要求建立单元体的外表面曲面。同时要求每个单元体都有属于自己的唯一体面,这要求相邻单元体的相邻面应当建立两个曲面,分属不同的单元体。同时,单元体以及单元体面的命名除了标识和反映一定的空间信息外,还应当考虑到编程实现功能的需要。

3. 建模模块

主要运用 CATIA 曲面模块。

4. 建模流程

使用 SFD 模型,通过舱室内的板格对舱室进行分割,运用曲面建模模块,提取模型的表面,组成 CREW 舱模型。

5. 结构树

如表 2.8 所示,CREW 舱模型结构树为 4 级结构树。

表 2.8　结构树

级别	说明	命名规则
一级节点	船名	［ShipName］
二级节点	舱室名	［TankName］
三级节点	体面单元名	［CellName］
四级节点	片体名称	［SurfaceName］

图 2.37 和图 2.38 为 CREW 舱曲面模型的应用示例。

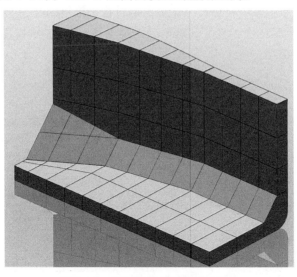

图 2.37　CREW 舱曲面模型应用-1

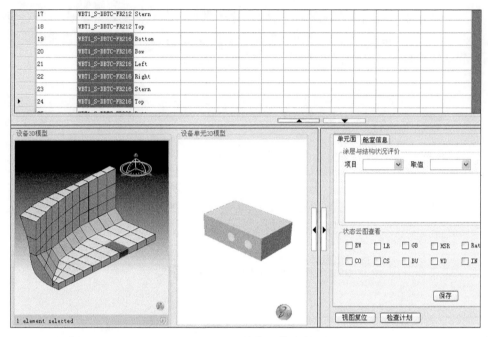

图 2.38　CREW 舱曲面模型应用-2

2.4.7　上层建筑与甲板设备实体建模

1. 模型功能

上层建筑与甲板设备实体模型主要为用户在进行船舶维护保养及定制工作时提供三维视图,使用户快速定位到需要保养的设备,通过三维视图的操作,用户也可以方便定位到数据记录表中。

2. 模型要求

在保证模型功能实现的基础上,尽可能降低建模的工作量,可对模型的精细程度进行分类处理。对于油船,像上层建筑、步桥、甲板货油管系、吊车、桅杆等大型设备,会对基于模型的涂层、重量等计算有较大影响,因此这类模型的精细程度要求较高,要求按实际尺寸建立实体模型。而对于透气孔、通风筒、舱盖、导缆孔、带缆桩等小型设备,对计算影响不大,对模型的精细程度也较低。

3. 建模模块

主要运用 CATIA 曲面模块进行曲面造型,然后运用 SFD 模块进行实体建模,运用管路模块建立货油管系模型。

4. 建模流程

上层建筑是该模型中最大的设备,它的建模思路与船体结构建模相同。由于上层建筑有一定的特殊性,原先的坐标平面不能完全适用,需要先根据上层建筑尺寸建立适合的辅助平面,这样能达到事半功倍的效果。而对于透气孔、通风筒、舱盖、导缆孔、带缆桩等小型设备,甲板上很多,但是同类设备的型号都一样,可先对这些设备分类,建立一个曲面模型,再通过复制功能即可迅速建立相同类型的设备模型。

5. 结构树

如表 2.9 所示,上层建筑与甲板设备模型结构树为 3 级结构树。

表 2.9　结构树

级别	说明	命名规则
一级节点	船名	〔ShipName〕
二级节点	设备分类名	〔EquipmentCategoryName〕
三级节点	设备单元名	〔EquipmentName〕

图 2.39 和图 2.40 为上层建筑与甲板设备模型的应用示例。

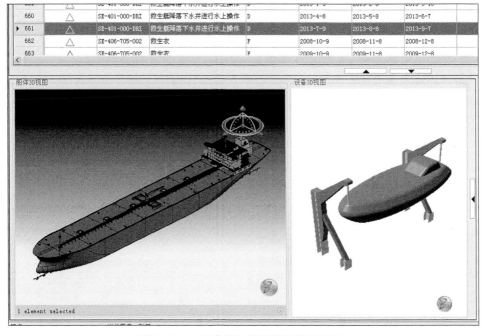

图 2.39　上层建筑与甲板设备模型应用-1

图 2.40　上层建筑与甲板设备模型应用-2

2.4.8　关键区结构建模

1. 模型功能

根据船舶结构特点,对船体易发生应力集中、易腐蚀等区域单独建立结构模型,便于船级社及船公司管理。

2. 模型要求

关键区可能分布在船舶的很多地方,很多时候关键区域的范围都不大,这要求关键区域应当显著地标识出来,便于工作人员查看浏览。由于关键区域只是起到标识此处是关键区的作用,该模型附加在船体结构模型中。

3. 结构树

如表 2.10 所示,关键区结构模型结构树为 4 级结构树。

表 2.10　结构树

级别	说明	命名规则
一级节点	船名	[ShipName]
二级节点	关键区分类名	[CriticalAreaCategoryName]
三级节点	关键区名	[CriticalAreaName]
四级节点	构件名	[StructrueName]

图 2.41 和图 2.42 为关键区结构模型的应用示例。

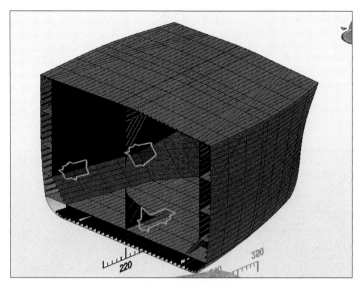

图 2.41　关键区结构模型-1

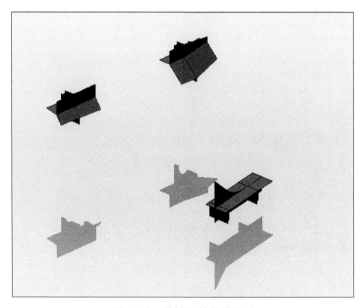

图 2.42　关键区结构模型-2

2.4.9　修理区结构模型

1. 模型功能

船舶在营运过程中,船体发生破损,进行构件修理或加强时,需要对原有模型

进行修改,此时不删除原有模型,而是采用关键区的建模方式,对修理的构件单独
建立模型。

2. 结构树

如表 2.11 所示,修理区结构模型结构树为 4 级结构树。

表 2.11　结构树

级别	说明	命名规则
一级节点	船名	[ShipName]
二级节点	修理区分类名	[RepairAreaCategoryName]
三级节点	修理区名	[RepairAreaName]
四级节点	构件名	[StructrueName]

2.4.10　模型后处理

1. 导出模型属性数据

通过 CATIA 将结构模型中构件的名称、重量、重心、尺寸等几何信息输出到
Excel 文档中,经过处理后,导入数据库。这些信息为修理量估算、涂层面积估算提
供计算数据。

2. 生成 3D XML 文件

将以上结构模型通过 CATIA 转为 3D XML 文件,该类文件用于程序中对模
型的操作。

3. 提取 3D XML 文件的 IDpath

将 3D XML 文件中构件模型对应的 IDpath 提取出来,整理后导入数据库,用
于程序中记录与模型的联动操作。

4. 详细程度

板材按建造板缝拆分,对于测厚取同一结果的同材质同厚度板可按一个构件
考虑。连续的纵骨从纵骨所在舱室的尾部舱壁开始以 3 个跨距为单位向船首方向
进行拆分,纵骨的最后一个拆分单位为 2 个或 4 个跨距。其他骨材按照实际长度
进行建模。有特殊测厚要求的骨材按测厚取值范围拆分。

对于节点的表示,暂不建立穿越孔、补板和小肘板,暂不表示型材的端部形状,
暂不单独建立焊缝线。

2.5 船体生命周期建模体系

如图 2.43 所示,船体生命周期建模体系可以分为四个层次:人员/组织层、应用服务层、信息集成层和模型数据层。船体生命周期模型必须满足生命周期信息链上所有企业用户对数据获取和处理的需求,因此首先应包括对各信息链企业的组织要素的描述,建立组织视图模型。组织视图模型描述各类组织及其成员对信息的需求、获取方式、更新方式和操作权限等。应用服务层即各信息链企业自身的业务系统,如设计单位使用的各种 CAD、CAE 系统,船厂使用的各种 CAM、ERP系统等,这些计算机系统形成了整个船体生命周期建模体系的数据源。对这些系统的描述能够使人们清楚地了解在全生命周期中数据访问和处理的方式。信息集成层的存在使得船体生命周期模型不是数据的堆积或信息载体的堆积,它根据船体生命周期管理的特点,将各系统产生的数据进行聚类、融合及重组,可以有效地消除各种系统形成的信息孤岛,使各种系统的输入输出更加快捷,动态地优化整个

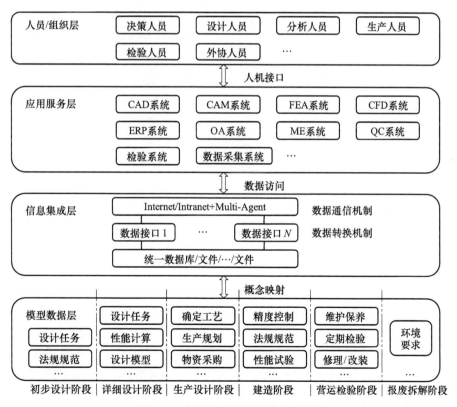

图 2.43 船体生命周期建模体系结构

行业的业务处理环节。模型数据层是船体生命周期建模和管理的基础,它包括数据字典和模型数据。数据字典是指船体生命周期中各种具体物理数据和联系的抽象,包括数据分类、数据对象设计、对象关系和管理原则等。数据字典建立了抽象数据和物理数据之间的映射,是船体生命周期模型的元数据。模型数据是各信息链企业应用自身的业务系统存储到生命周期模型中的数据,以多种编码格式进行物理存储。

为了在当前的异构 CAX 环境中存储、管理、访问和处理相关的数据,必须进一步明确每个层次要素之间的映射机制。概念映射机制将数据字典中的概念映射到具体的物理数据。数据访问机制用于确定各信息链企业的人员和计算机系统对物理数据的访问范围、权限和方式,它针对每个数据访问请求,检索数据的物理地址和检入(检出)数据。人机接口定义了计算机系统的界面和操作命令,确定了人员以何种方式查看、输入和输出物理数据。

船体生命周期建模的宗旨就是确定船体结构形成和营运过程中各类数据的内在联系,按照演变的思想集成各阶段模型。船体生命周期建模的基本方法是采用面向对象的概念,在基本模型上连续添加数据对象,并确定不同用户对数据对象的访问权限(视图)。船体生命周期模型必须以物理上分布、逻辑上统一的数据源为基础。在存储方式上,所有数据应在进行结构化处理后以数据库的形式进行存储,一些逻辑结构程度较低而不能分解的数据则只能作为一个整体存取。采用数据库存储的优点是可以根据用户的权限、数据访问请求对数据进行动态组合再提供给用户,并为数据挖掘提供了基础。对于已封闭的数据应存储至光盘或专用存储设备。

2.6　本章小结

在生命周期的内涵、阶段构成及典型事务上,船舶和其他大型复杂产品有着较大的差别,不能照搬其他行业 PLM 的实施方式。船体生命周期包括初步设计、详细设计、生产设计、建造、营运、维护保养、检验、修理(改装)、报废拆解等阶段。本章首先阐述了船体生命周期各阶段的主要事务,这为船体生命周期的模型需求分析提供了基础。

在船体生命周期中,大量的数据需要在信息链企业内及企业之间进行交换,数据的表达、传递和处理制约了各种业务处理的效率,已成为我国船舶行业与国外船舶行业竞争的关键之一。通过船体生命周期模型,信息链上各企业成员都使用唯一的产品数据源,可以更灵活地规划和协调自身业务活动,因此船体生命周期建模是船舶行业自身发展的必然趋势。

船体生命周期建模包括几何建模、CAX 模型数据交换、轻量化模型建立。几何建模已发展为成熟的技术,本章主要研究了后两点,使用 XML 作为信息描述语言,在两种船舶设计 CAD 系统之间研究了数据交换,然后提出了专用于船体生命周期管理的模型轻量化技术,突破了传统 CAD 模型的应用范围,并开发了相应的模型浏览环境。

最后,本章研究了船体生命周期建模体系结构,其中关于信息集成平台的研究将在第 3 章中阐述。

第3章 船体生命周期模型集成研究

从数据的角度来看,船体生命周期模型是由各阶段模型组成的联合体,各阶段模型由信息链上各企业成员自身的业务系统创建。信息集成要从两个层面来考虑:船体生命周期各个阶段的逻辑顺序是循序渐进、天然自洽的,第一层面应考虑各阶段模型之间的数据衔接,即上一阶段输出模型与当前阶段输入模型之间的集成。由于不同阶段的业务需要,各个阶段模型中都使用了大量的 CAX 模型数据,主要包括各种 CAD 模型、CAM 模型、CAE 模型(CFD/FEA/…)。第二层面则应考虑各种 CAX 模型之间的集成,这也是实现第一层面集成所需的关键技术。本章即从这两点入手研究船体生命周期模型的集成。

3.1 船体生命周期模型构成

图 3.1 为船体生命周期模型构成。各生命周期阶段对应的模型分别为船东需求模型、初步设计模型、详细设计模型、生产设计模型、建造装配模型、检验-维护保

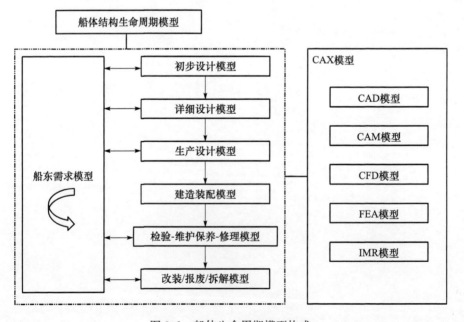

图 3.1 船体生命周期模型构成

养-修理模型、改装/报废/拆解模型。这些阶段模型采用了不同的数字化表达手段,在计算机系统中表现为各种 CAX 模型。

本节首先阐述各阶段模型的功能及特点。

3.1.1　船东需求模型

船体生命周期建模带来的优越性包括能够快速提供满足船东需求的产品,其中能够准确获得和理解客户需求对设计和建造都具有根本性的影响。需求分析模型能够提供一种手段使设计单位、建造单位和船东能够快速准确地确定需求,实现信息的良性互动。

而船体生命周期建模的整个过程也总是从船东需求模型或者概念模型开始的。在初期船东需求一般比较模糊,而且随意性较大。更实际的情况是,直到船舶建造完工为止,不仅船东自身随时都有可能改变意图,有时很多外界因素或突发情况都有可能引起需求的变化。这说明需求模型在设计阶段有一个不断更新的动态过程。当前许多设计单位和建造单位没有明确的需求模型概念,也不重视对船东需求文档的维护。规范的船东需求模型可以澄清模糊的需求,精确记录和消除不一致的需求,而且也为以后设计修改提供了依据。这样就能使设计单位和建造单位在最大程度上消除歧义,加快反应速度。

船东需求模型主要应解决三方面问题。

(1) 获取船东需求信息。在与船东讨论需求时,情况往往是缺乏条理,含义模糊,目标相互矛盾或不合理。设计单位首先应根据船型提供一个标准的设计任务调查模板,引导船东尽可能地使目标量化并对不能量化的目标进行合乎逻辑的需求表达;其次应以大量专业数据及分析能力为基础,就船东提出的目标进行快速估算,对其中相互矛盾或不合理的目标给予理论性的解释。

(2) 表达船东需求信息。对于获取的船东需求信息,应采用数字化的手段进行表达、记录和存储。在实际中,有很多的数据产生于电子邮件、纸质信函、电话交流、传真中,应将其中的关键数据提取后进行结构化再存储起来,还应尽量将这些媒介的原件存储为电子版。

(3) 分析船东需求信息。设计单位首先应根据相应的规范、法规、标准、国际公约及基础数据库对船东需求进行分析,如有与这些约束相违背的情况,应立即与船东取得联系,协商调整需求;其次应就船东需求快速生成设计空间,对一些关键的技术性能(如经济性、快速性、能耗等)进行估算,反馈给船东。就建造单位而言,应根据自身的建造能力、建造计划、物流管理等方面对船东需求进行分析,如不能满足需求则及时与船东协商,不能盲目地接订单。

图 3.2 为船东需求模型。

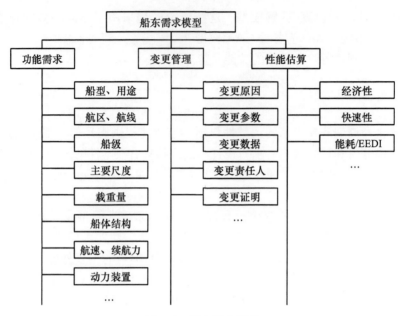

图 3.2　船东需求模型

3.1.2　初步设计模型

　　设计模型是设计过程中有关数据、信息、数据关系及操作的定义和形式化表达,是设计过程内各阶段模型的集合。

　　在船舶设计的初步设计、详细设计和生产设计阶段,设计信息是不同的。随着设计的深入进行,约束越来越多,所包含的信息越来越丰富。这三个设计过程的输出是有明显区别的。初步设计阶段完成船舶的总体性能定义和主要技术指标确立,提供基本设计方案;详细设计阶段细化方案设计,提供预期功能的具体实现结构,为生产设计做准备;生产设计阶段则要进一步细化详细设计,提供所建船舶每个细节信息,直接指导生产过程。

　　船舶设计具有很强的过程性,各阶段的设计成果也具有过程性。设计过程即是在需求模型提供的约束基础上,通过设计模型来求解。这一过程中需要大量的迭代运算,说明设计模型是动态的,具有多个视图。如果没有统一的模型表达方式,则将给会设计迭代带来很大的困难。通常初步设计和详细设计都由同一设计单位完成,因此在设计之初就应建立设计结构模型。

　　设计结构模型的意义在于提供一种组织、控制和管理设计数据的机制,所形成的设计结构是对设计模型的全面描述,面向整个生命周期。设计结构模型应具有设计目标定义、参数定义、设计结构创建、设计结构维护和设计结构信息报告等功能,它可使设计过程中的模型描述基于统一的建模语言和方法,建立起全生命周期内统一的、共享的、继承的、多级的设计模型。

设计结构模型服务的核心是设计模型,在初步设计阶段,设计模型包括各种 CAD 图形、计算书、设备清单等。当前许多设计单位都是以文件的形式存放这些数据,使用文件管理系统来管理设计过程,整体效率很低。面向船体生命周期管理的设计结构模型的基础是建立船舶设计模型分类体系,如图 3.3 所示。它为不同的船型提供相应的设计数据结构化方式。从功能的角度,初步设计模型可分解为各种设计任务组件,如图 3.4 所示。设计任务组件是一种抽象对象,具有一定的层次关系。通过对设计任务组件组合求解的方法确定船舶初步设计模型的功能。由设计任务组件形成的设计模型事实上包括了所有的配置,是进行船舶初步设计必须遵从的模板。

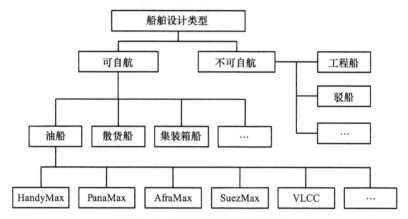

图 3.3　船舶设计模型分类体系

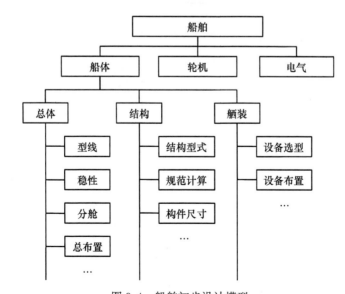

图 3.4　船舶初步设计模型

3.1.3　详细设计模型

随着设计的深入开展和并行工程的实施,在进入详细设计阶段后,船舶设计成为一个信息管理的协作过程。在这个过程中,要产生和处理船舶的各类数据信息,包括各类功能定义数据、常量数据、约束数据、设计过程数据及用于全生命周期的支持数据。其中,生命周期支持数据主要指各种标准、规范、材料、节点形式、焊接形式等数据信息和技术要求。

在详细设计阶段,各种设计要求导致设计数据急剧膨胀。设计模型的数据结构与设计过程有着紧密的联系,即设计模型的数据结构、船舶设计项目组织和设计过程具有同构性。设计模型作为设计过程的输入和输出,要实现对设计过程的规划和管理,就要对设计模型中复杂动态的数据进行有序的组织,对数据之间的复杂关系进行管理,确保各类数据在设计过程中的各项任务之间保持完整性、有效性和一致性,实现设计过程中的数据共享,从而有效支持船舶生命周期,实现设计数据、功能和过程的集成。

船舶详细设计模型由功能要素表达和设计要素定义两部分组成,如图 3.5 所示。功能要素是设计任务组件的抽象,它表明了船舶设计的具体目标,并不考虑实现它的方案。技术要求和设计目标均可转化为功能要素表达的实例。一个功能要素可能由一个或一组设计要素实现。同时,一个设计要素也可以实现一个或一组不同的功能要素。同一版本下所有的设计要素即构成了一个设计方案。

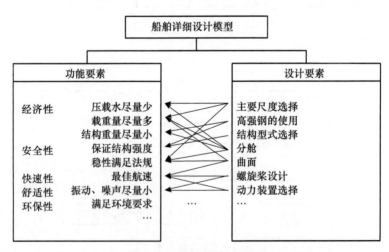

图 3.5　船舶详细设计模型

在功能要素之间和设计要素之间,经常会出现耦合的情况,即一项性能或指标的改善可能会带来其他性能或指标的恶化,一项设计要素的变动会引起一系列设计要素的变动,关系错综复杂。而且即使在功能要素已确立的情况下,满足要求的设计方案可以有很多个。这些因素也使得船舶设计过程实际上是一个逐步近似的过程,即把复杂的设计工作分为若干个循环,初步近似时只考虑少数最主要的因素,再次近似时则计入较多的因素,反复进行几次近似,每次近似都是前一次结果的补充、修正和发展,因此经若干次近似之后,总可以得到一个符合要求的设计结果。由此可见船舶设计过程虽然是循环进行的,但不是简单的重复,而是螺旋式上升的过程,每一次循环都伴随着大量方案的淘汰。

在实际中,进行一次循环需要大量的计算,而许多设计要素计算之间的数据连接并不是无缝集成的,需要人工手动输入、分析。更严重的情况是,在设计过程中起始条件发生变化需要跳出循环重新迭代,这些都限制了设计人员在求得最佳设计方案的积极性。如何选择最佳设计方案已成为船舶设计的经典问题,也有不少学者研究运用智能算法、多目标优化方法、多学科优化技术等方法进行船舶优化设计。

建立起船舶详细设计模型,可以为设计迭代过程提供一个通用的设计要素配置模板,使设计方案的描述不依赖于具体的数值、图形或文档,而是以当前版本的设计方案中的各设计要素来生成所需要的图形和文档。

3.1.4　生产设计模型

生产设计是将船舶的系统信息转换为区域信息,根据阶段和类型所需的特征,将设计信息归类分组,形成生产活动所需的信息集合。直到每个区域被分解成最低制造级为止,最终确定各种工艺技术指标、各种管理图表及生产信息文件等。生产设计有着多重目标,首要目标即按照建造合同完成船舶生产,其次应尽可能控制精度,缩短工期,加快进度,控制成本,提高船厂效益,最后应完整地提供营运维护保养阶段所需的全部信息。

生产设计阶段的任务可以概括为两类,即细化和分解。细化是指将详细设计中的原理图、布置图反映成设备、构件的安装图、加工图,根据详细设计中的结构型式、构件尺寸要求反映到全船每一真实的构件。分解是指根据船厂的建造能力和建造规划,按系统将船舶分解成不同的层次。从数据的角度来看,生产设计过程是数据的生成和重组。

在细化和分解中,均存在多种视图,如在生产设计之初对船舶建造任务进行分解时一般存在面向作业组织的分解视图和面向成本管理的分解视图[81],如图 3.6和图 3.7 所示。

在面向作业组织的分解视图中,认为船舶的建造过程与一般产品的生产过程相同,即购买或制造零件,并将它们组装成为部件。这些部件再组合成为更大的部件,最终形成一艘船舶。因此,这种分解方式着重于所需的部件和零件,即前期制造的中间产品。通过将生产作业单元细化,即将各种舾装件的制造从船体分段和管加工的主生产线分离出来,船体采用分道作业法,舾装采用区域作业法,起初各

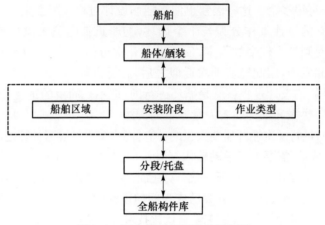

图 3.6　面向作业组织的分解视图

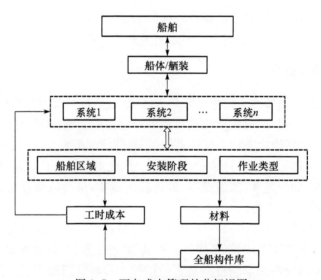

图 3.7　面向成本管理的分解视图

自分流,从合拢阶段开始合成,从而形成船体建造、舾装和涂装作业在空间上分道、在时间上有序的生产过程。实际生产和管理过程通过部件或零件代码与分段或托盘代码的结合使用,可将区域的数据转换为系统的数据。

　　在生产设计中,能够集中并反映系统信息和区域信息的是设计 BOM,即物料清单。这决定了面向船体生命周期管理的生产设计模型应为基于设计 BOM 的多视图集成模型,如图 3.8 所示。它的本质是以产品结构树为基础来集成构件的所有信息,主要功能是构件基本属性的管理和产品结构的维护。某构件 Part1 及其属性可表示为 $Part1 = \{A_1, A_2, \cdots, A_i, \cdots\}$,其中 A_i 为属性。在生产设计模型中可按属性来重组产品结构树,从而提供产品结构的多视图。

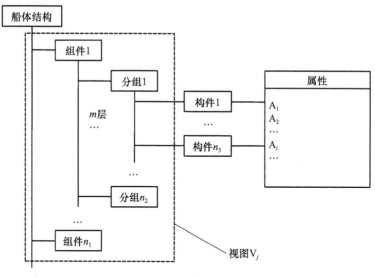

图 3.8　船舶生产设计模型

　　视图管理是集成化环境中的一项重要技术,它有效地组织数据,保证产品数据的一致性,实现产品数据共享,提高了设计效率。生产设计模型是衔接设计过程和建造过程的一个重要环节,其优点主要有两个:一是提供产品数据的多种视图,从而使物料管理更加顺畅;二是提供构件编码转换机制,使得企业在协同设计环境下的数据交换更加高效。

3.1.5　建造装配模型

　　建造装配模型是指覆盖船体建造阶段,能唯一描述加工和装配过程的数字化表达,应支持船体各总段、分段、部件及构件的工艺设计、加工、装配、检验等过程。它实际上是一个能被工艺设计人员、质量检验人员及生产管理人员等共同理解和处理的船体结构数据集合,是建造过程中所有技术人员进行信息交换的基础。同时,它也是船体结构数据的计算机表达数据结构和操作方法的集合,支持整个生产建造过程,自身也随着生产建造过程的推进而完善。

　　建造装配模型包含两个层面:一是物理层面,即原材料经过加工装配形成船体结构,这是物料和能量的流动;二是逻辑层面,即信息流,如材料信息、工艺信息、尺寸信息、装配信息等,这些信息经过生产人员的加工整理形成了具体的制造信息,如分段工作图、套料图、吊装网络图等,这时信息流为正向。而在建造过程中,一些加工装配数据也会反向传递到生产设计模型中,这通常是由于设计不合理、备料不够需要临时替代或其他原因从而导致需要修改设计信息,最终形成建造完工数据。

　　建造阶段的主要任务是将生产设计模型中的产品结构转化为产品建造结构,

这是一个数据转化的过程。虽然它们同样都要表达产品的几何信息,但两者的表现形式和内容有一些差别。这是由于在建造过程中不可避免会出现误差,在总段、分段、部件及零件加工时都需要留出一些余量,以抵偿在加工过程中出现的累积尺寸偏差或弹塑性变形。建造到某一阶段还要根据实际情况切除余量中超出规定的部分。

　　如图 3.9 所示,建造装配模型包括材料数据、装配数据、工艺数据及 NC 数据等,这些数据是船体建造过程中的核心信息。而建造过程实质上是由生产调度和加工活动两类主要活动组成的。生产调度的主要作用是有效地管理制造资源中的材料、设备、场地、人力,实现资源的合理分配和调用。加工活动则负责对建造工艺、建造质量及精度、装配工序的管理。尽管不同构件具有不同的尺寸、形状和工艺要求,但加工过程中有许多工序是相同的,而且越是相近的构件,它们加工过程中的相同工序也越多。为了有效地利用这些已有的工艺资源,应尽可能地采用在工艺资源库中选择工序的方式动态地生成工艺路线。生产信息资源包括工艺信息资源、设备信息资源、原料信息资源等,它是动态变化的。在整个建造过程中始终伴随着质量控制、精度控制。船舶建造完工后,建造数据也即完善,可以此为基础向船东提供建造完工模型,作为营运阶段维护保养检验事务的基础。

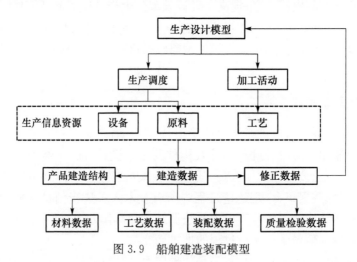

图 3.9　船舶建造装配模型

3.1.6　IMR 模型

　　长期以来,船东没有充分利用数字化手段去跟踪修理历史记录和检验维护档案,关于船体结构和涂层修理的信息体现在工程文件时都缺少组织性[82]。包括目测检验和超声波测厚报告在内的很多信息在存档之前就丢失,或者由于归档记录极差而难于检索。

同时船东又采用各种不统一的系统来跟踪要维修的船体结构。理论上完整的文档资料应包括从总体的详细描述,如船厂的修理报告(如裂缝修理、钢板换新、涂层和阳极维护等)到分散的各类修理工作单。对该文档的维护应成为船东在全生命周期的一个必需任务,而实际情况是一艘船前五年的维护资料通常在 15 年后就难以检索到。

检验-维护保养-修理(inspection,maintenance and repair,IMR)模型的主要任务是记录整个营运阶段内船体结构的状态数据,为结构安全性评估和修理计划制订提供基础。

如图 3.10 所示,IMR 模型包括四个部分,即 IMR 数据、检验要求与实施情况、局部与总体的结构状态评估、维修方法及实施情况[83]。这四个部分是有机关联的整体,首先按照规定的检验过程确定船体结构的现状,经过对局部及总体的结构状态评估,得到强度分析结果、剩余寿命、承载能力及安全度指标等,如果船体结构需要修理,则选择合适的维修方法,同时对修理的经济性和修后的结构安全性再做评估,从而确定修理计划。所有这些过程都要调用当前的 IMR 数据,而这些过程的结果数据又要存入 IMR 数据中,为下一个循环提供依据。

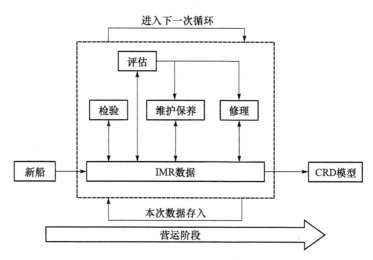

图 3.10　船舶检验-维护保养-修理模型

在船舶的营运维护保养阶段,如无发生破损事故,船体结构的拓扑不会发生变化,但船体构件的状态却时刻发生着变化,在进行维护保养之前首先需要勘验并记录船体构件的状态,才能更经济地制订维护保养计划和更准确地进行船体状态评估(CAS/CAP)。船体构件的状态中,如厚度、涂层厚度等参数可以数值描述,但构件的屈曲、开孔、裂纹、锈蚀等失效形式无法用数值描述,用文字也不尽能描述清楚,在实际操作中一般以图片附件的形式记录。但若发生破损事故,进行维修后的船体增加或去除了部分结构,原模型就不能再反映真实情况,根据维修后的实际勘验结果,返回到建模环境修改模型,对于结构去除的情况,将原模型中相关构件的有效性设为否;对于结构增加的情况,则增加相关构件。然后重新执行轻量化过程以生成新模型。整个模型维护流程如图3.11所示。

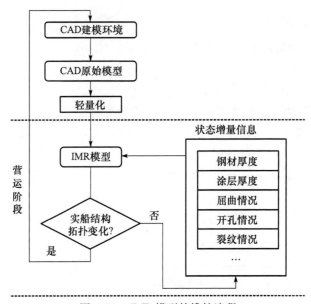

图3.11　IMR模型的维护流程

3.1.7　CRD 模型

　　在进行改装、报废、拆解等事务之前,需要清楚地了解船舶状态,如分舱情况、构件材料属性等,在这些数据的基础上进行经济性分析。一般报废或拆解是因为结构状况已十分恶化,通过修理提高结构安全性的代价要超出继续营运带来的收益,而不得不报废或拆解。而改装一般都是由于改装后营运带来的收益远远超出改装的成本。在改装过程中,必须更精确地了解包括船体曲面数据在内的船体状态数据。

　　改装、报废、拆解等事务的实质是当前船舶生命周期已终止,对船体结构的增加或去除。这就决定了改装/报废/拆解模型(conversion,retirement and dismantling,CRD)的主要任务是支持用户查看当前船体结构状态,并支持数据的导出。而且 CRD 模型应是只读的,不允许修改。如图3.10所示,从数据的角度,CRD 模型即 IMR 模型的最终版本。

3.1.8　各阶段所用 CAX 模型

　　在需求阶段,为了说明问题会用到一些极其简单的 CAD 模型,而在设计阶段,则要大量使用 CAD 模型、FEA 模型及 CFD 模型。在建造阶段要使用 CAD 模型和 CAM 模型。在营运阶段使用 IMR 模型,在营运阶段结束后使用 CRD 模型。

3.2　生命周期各阶段模型之间的集成

在生命周期各阶段模型之间,有些模型是天然无缝集成的,如从建造装配模型生成 IMR 模型,以及从 IMR 模型生成 CRD 模型都是一个简单的数据导出过程,本书将对生命周期各阶段模型集成的研究集中在需求模型与设计模型的集成、设计模型之间的集成、生产设计模型与建造装配模型的集成这几个方面。

3.2.1　模型集成关键技术

如何更快速、准确地响应客户需求,如何在压缩设计周期的同时提高设计质量,如何使新员工更快地掌握业务过程等问题,一直是工业和软件业的热点研究问题,近二十年以来,先后发展起来了很多先进的理念和技术。本书以知识工程、设计结构矩阵等作为模型集成的关键技术。

1. 知识工程

知识工程(knowledge engineering,KE)这一概念由 Feigenbaum 在 1977 年的第五届国际人工智能会议上提出[84],并由 Feigenbaum 和 McCorduck 在 1983 年正式给出定义:“知识工程是一种将知识整合进计算机系统以解决一般需要高度专家经验的复杂问题的工程技术”。但现在,知识工程一般是指关于基于知识的系统(knowledge-based system,KBS)的设计、维护和开发。与知识工程概念相似的另一个名词是基于知识的工程(knowledge-based engineering,KBE),目前尚无统一的定义,但它一般是指通过知识驱动和推理,对工程问题提供最佳解决方案的计算机集成处理技术,是知识的集成、继承、创新和管理,是 CAX 技术与人工智能技术的集成。其特点在于:KBE 是一个处理多领域知识和多种描述形式的知识的过程,并关注隐式知识的显式表达;是一个面向整个设计过程的开放的体系结构;是多领域、多学科的知识范畴。本书将这两者统称为知识工程。

知识工程自提出概念以来,在各行业中都得到了广泛的应用,其中最重要的一方面就是与 CAX 技术的结合[85]。由于知识工程能将企业的智力资产保存下来,并充分应用于设计、制造、销售、维护保养等产品全生命周期的各个阶段,注重知识应用的 CAX 系统是现代制造业的关键需求。基于知识工程的 CAX 系统起源于20 世纪 90 年代初的美国,最初通过 CATIA 和 ICAD 软件联合应用于波音公司的飞机冲压件设计中。通过十多年的发展,知识工程已经成为 CATIA V5 软件系统的核心技术之一。

　　另一个典型的例子是 UGS 公司的知识熔接技术(knowledge fusion,KF)。设计人员和应用程序开发人员能够在 UG NX 的用户环境中直接使用 KF 进行工作,以创建能够捕捉设计意图的规则。这些规则可用于推动产品设计,确保对工程和设计要求得到全面理解和满足。KF 进一步节约了成本和时间,并且使设计过程标准化、执行采购实践,在前期把制造和性能约束合并到设计环境中,从而提高了产品质量。

　　知识工程在与 CAE 软件的结合中,目前还没有成熟的商业化软件,但已有不少学者在此领域做了相当深入的探索。Roy 等研究了基于知识工程的 CAD 工具和 FEM 工具之间的智能连接[86]。Turkiyyah 等研究了基于知识工程的有限元建模方法[87]。Chapman 等研究了基于知识工程的 CAD 和 FEM 数据一致化的问题[88]。程耿东等提出了工程有限元模型化知识系统[89]。梁俊等提出了基于知识的结构分析系统[90]。刘旺玉等提出了基于特征的实用性有限元模型知识系统[91]。郑辉等将知识工程与有限元结合用于液压机柔性模块创建[92]。王平等提出了基于工程规则的有限元分析建模知识表示及知识重用方法[93]。孙学军等提出了基于 KBE 的摩托车车架有限元分析系统[94]。侯文彬等设计了基于知识的汽车车身结构概念设计工具——IVCD[95]。侯亮等研究了一种基于知识的网络化有限元前处理专家系统[96]。

　　从知识工程的角度来看,各种业务人员在船体生命周期各个阶段的数据处理时,每个动作都是依据其专业知识、规范、经验等综合推理后做出的决定。将知识与工具集成,以智能化的手段来代替这些繁杂的人工操作,会大大提高业务效率。根据前面对船体生命周期内各阶段模型的分析,应用知识工程方法时需要考虑三个问题:一是根据船舶生命周期的特点,充分考虑各种业务知识,建立标准、通用的知识表达机制;二是建立相应的知识推理机制进行问题求解;三是开发相应的数据挖掘应用平台,对海量知识进行分析,得出知识规则。一个良好的面向船体生命周期应用的知识系统应具备以下特点。

　　(1) 实用性。经过知识系统在各阶段生成的数据是准确的,其运算时间、文件大小是可以接受的合理值。

　　(2) 开放性。知识库中管理的知识是可以不断添加的,而不是固化在系统内的。

　　(3) 无二义性。知识推理规则不能有二义性。

　　(4) 最小相关性。知识库中的知识应减少相互之间的关系,以减少系统冗余。

　　面向对象技术十分适合结构化知识的表达。将各种先验知识以对象的形式表达,不仅有利于对知识的管理,而且也使程序设计思路清晰,代码得到简化。在船体生命周期中,各种知识可归结为四类对象:问题类 CProblem、规则类 CRule、船

体类 CStructure、解决方案类 CSolution。图 3.12 利用 UML 图说明了各类的功能
及其之间的关系。

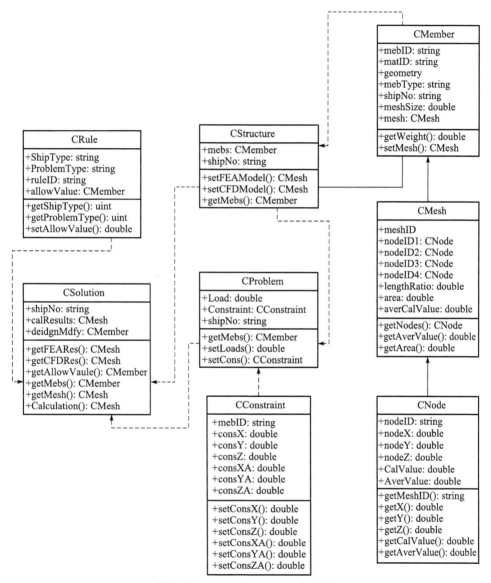

图 3.12 基于面向对象的知识表达

目前在知识工程系统应用中，推理机制主要有两种：基于实例的推理机制
（case-based reasoning，CBR）和基于规则的推理机制（rule-based reasoning，RBR）。
基于实例的推理实质上是基于记忆的推理，将先前存在的经验按实例的方式表达，
以解决具有一定相似度的新问题。基于规则的推理主要用于对实例进行修改，以

及按一定规则进行建模、分析、计算等操作。

在基于知识工程的船体生命周期应用系统中,运用基于实例的推理时,主要按以下步骤进行。

(1) 问题描述。输入船体结构类型、分析类型、各种尺寸参数等。

(2) 搜索实例。根据所描述问题,在实例库中检索相似的实例。

(3) 形成解决方案。将初始条件代入从搜索到的实例的解决方案中,形成对当前问题的初步解决方案,并运用基于规则的推理对初步方案进行修正得到最终解决方案。

(4) 保存实例。求解完成后将求解方案存入实例库。

在此环节中,比较重要的步骤是搜索最相似的实例。对实例 p_1 和 p_2 相似度的定义如下:

$$S(p_1, p_2) = \sum_{i=1}^{n} w_i s(a_{1i}, a_{2i}) \tag{3.1}$$

式中,w_i 为实例属性 a_i 的权值,$\sum_{i=1}^{n} w_i = 1$;$s(a_{1i}, a_{2i})$ 为实例属性值的相似度;a_{1i}、a_{2i} 分别为实例 p_1 和 p_2 的属性值。

当实例库中没有与所要求解问题对应的实例时,基于实例的推理不再适用,而应采用基于规则的推理,其作用机理为通过运用知识库中的元知识对初始条件进行判断选择操作。在使用基于规则的推理时,应注意:规则结论可信度的判断、多条适用规则的选择、无适用规则时的处理、元知识的增加等问题。

船舶设计是典型的强经验弱理论的领域,实例推理受到广泛的应用,如何从实例库中挖掘设计知识是必须重点研究的问题。

2. 设计结构矩阵

船舶设计过程中的任务之间关系复杂,任务之间既相互独立,又相互交叉。由于设计任务的主体是人,而人的设计活动具有创造性和不可预见性,所以设计过程具有高度的随机性,设计过程中的修改和反复是不可避免的。例如,总布置图的修改与设计是贯穿于整个船舶设计过程,无论初步设计还是到最后的生产设计都有可能进行修改。当总布置草图进行到一定阶段后,估算重量以及重心位置,进行型线图的设计,然后进行静水力计算,校核船舶稳性,如果不能达到平衡,又要对总布置图或型线进行修改,直至达到平衡后推进结构设计,若不能达到性能要求,就必须修改前期的设计,如修改主尺度、调整分舱、变换型线等,如此不断地反复。

设计任务之间的关系,通常有以下三种形式。

(1) 顺序型:如图 3.13(a)所示,一个任务在另一个任务完成之后才能开始,即后面的任务需要前面任务的输出作为输入才开始进行,任务间有先后依赖关系。

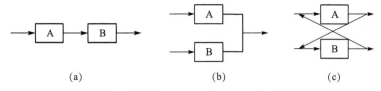

图 3.13　设计任务之间的关系

（2）并行型：如图 3.13(b)所示，任务间可独立开始进行，任务间无依赖关系。

（3）耦合型：如图 3.13(c)所示，任务间存在双向信息交互关系，即任务 1 的输出作为任务 2 的输入，同时任务 2 的输出又作为任务 1 的输入，通常这种信息双向交互需要多次反复，任务间为相互依赖关系。耦合任务是相互影响的，当耦合集中的任何一个任务发生变化后，都有信息沿着耦合集构成的环路进行传递，不仅影响耦合任务集内部任务发生变化，还会影响到该耦合任务集的所有后置任务，其影响的程度根据任务之间信息联系的强度而定，耦合任务广泛存在于设计过程中，是影响产品设计开发进度和开发质量的重要因素。

设计结构矩阵（design structure matrix，DSM）是 Steward 在 1981 年提出的一种用矩阵形式表示任务关系的方法[97]。设计任务 t_i 作为网络中的一个节点，对应矩阵中的第 i 行（第 i 列）。设某一设计过程由 n 个任务 $t_i(i=1,2,\cdots,n)$ 组成，将任务间的关系映射为矩阵，矩阵中的行和列与任务 t_i 相对应，构成一个 $n\times n$ 阶方阵，如图 3.14 所示。关联矩阵中矩阵的维数 n 代表设计任务数，主对角线元素可用于表示任务的执行时间，也可为 0，其他元素用于表示任务间关系的存在性。元素 t_{ij} 表示任务 t_i 需要来自任务 t_j 的信息，如果任务 t_i 和任务 t_j 之间存在联系用 $t_{ij}=1$ 来表示，即在设计任务网络图中表示两个节点存在有向边 $t_j\rightarrow t_i$；若 $t_{ij}=0$ $(i\neq j)$，则表示该元素所对应的任务之间不存在信息联系。矩阵中上三角矩阵的非零元素代表信息的向前反馈，下三角矩阵的非零元素代表信息的向后传播。

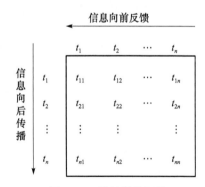

图 3.14　设计结构矩阵

DSM 的下三角形式表示合理的任务执行顺序，对于存在反馈信息的非下三角形式，必须进行优化。对 DSM 的优化目的就是通过分析矩阵元素之间的关系，提取任务之间最强的耦合元素，对任务的设计流程在资源允许的范围内进行重组和排序，使之尽量表现为下三角形式，以减少迭代次数和缩小迭代影响的范围，并识别出任务之间的三种关系：顺序、并行和耦合，最终实现整个设计过程的优化。当前，DSM 优化算法主要有三类：基于图论的优化，如路径搜索法、可达矩阵法、邻接矩阵求幂法等;基于模糊关系的优化,如撕裂算法;智能优化算法,如遗传算法和模拟退火算法等[98]。

3.2.2　需求模型与设计模型的集成

如前所述,直到船舶建造完工之前,船东的需求变化都会影响整个设计和建造过程。需求模型与设计模型的集成的目的就是通过将需求知识集成到设计过程中,加快设计单位、建造单位对船东需求的反应速度。基于 XML 的船东需求模型可以结构化地表达船东信息、需求信息、背景资料和提炼后的最终需求信息。同时,基于 XML 的船东需求模型还可以集成其他系统建立的文档和图形文件。XML 文档利用需求拓扑结构来组织和表达需求数据,并关联相应的图形文件和描述文档,产生结构层次清晰和内容丰富的需求模型,从而支持信息的双向传递,实现客户信息管理、关键信息标记、需求信息编辑、在线讨论等功能。

需求模型与设计模型的集成框架如图 3.15 所示。传统的设计过程中将客户需求映射到产品功能指标的步骤比较耗时,基于此集成框架,通过搜索知识库中的知识进行推理,可以快速建立客户需求与产品功能指标之间的映射,最终形成船东与设计单位、建造单位之间的良性互动。

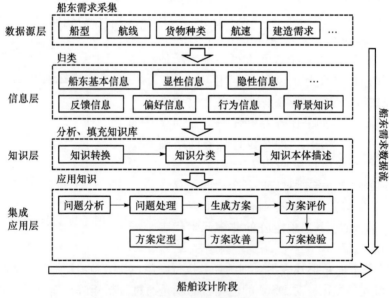

图 3.15　基于知识工程的需求-设计集成框架

3.2.3　设计模型之间的集成

船舶设计是一个计算密集的复杂过程,这个过程是由多学科、多用户协同进行的。在设计过程中,各种设计参数、方案的决策主要基于设计人员的判断。近年来,计算机技术在船舶设计过程中应用得非常广泛,在某些系统或分系统内设计分析工作已经实现了部分的自动化、集成化,但是船舶设计的总体过程基本上还停留在传统的方式,依靠任务书、电话、传真、邮件、实时通信工具等形式在系统与子系统及子系统之间传递信息,整个设计过程的效率由信息共享与交换的困难、设计过程中交互的不确定性和信息反馈的重复进行等因素影响而仍然较低。各大船舶设计软件供应商也在积极推进软件集成化,试图提供一体化的解决方案,但在实际应用中,多种设计软件并存是不可避免的事实。为更好地支持设计分析集成以及多学科设计优化,提高船舶设计水平,有必要考虑采用新的模式来支持现阶段的船舶设计。

初步设计、详细设计及生产设计组成了一个有机的系统,这几个阶段设计模型的集成应从两个层面来考虑:一是设计工具之间的集成;二是各阶段设计数据之间的集成。首先确定系统在整体环境下的位置和相互关系,再从整体优化的角度权衡分析和确定系统的功能及性能;然后将它们分解到各个子系统,协调系统与子系统、子系统与子系统之间的接口关系,设计并组织系统试验和验证,最终完成系统的整体集成。

基于系统建模、工具集成、资源利用、设计队伍组织、设计流程这五个方面的考虑,本书提出了船舶设计过程集成框架,如图 3.16 所示。

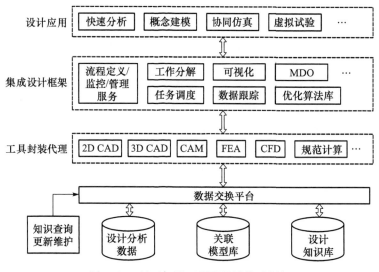

图 3.16　基于知识工程的设计集成框架

此集成框架可以实现以下功能。

(1) 用户可对船舶设计过程进行可视化建模,借助于集成框架的配置,能处理包含复杂的分支决策和迭代反馈。

（2）用户可利用集成框架重新配置对已有问题的描述，如替换新的计算模型、加入新的设计过程、删除过程、重新连接反馈关系等，而且这些操作也都是可视化的。

（3）集成框架是可扩展的，支持对新的设计过程和计算过程的集成。用户可将新领域的应用、优化方法、试验与仿真程序等集成进来。

（4）通过二次开发，集成框架支持将开发代码与商业软件系统集成进来。

（5）集成框架利用数据库管理系统来实现多学科应用的数据服务，多学科的数据能以规范的模型表示，以便于多学科之间的信息共享与交换。

（6）对于中间或最终试验分析结果，集成框架提供各种科学计算可视化手段以支持用户分析，如图表、曲线等。

（7）集成框架可将船舶设计过程中产生的所有设计信息、计算模型、分析试验数据等保存在同一数据库中，经数据挖掘、总结、抽取后形成一个基于数据库的数字化工程研发的知识库。

（8）集成框架具有过程管理的功能，不同层次、不同任务的角色具有不同的权限，对于数据的访问权限也不同。

3.2.4　生产设计模型与建造装配模型的集成

生产设计模型与建造装配模型之间集成的目的是提高建造过程中的数据处理效率，以及通过精确地维护建造完工数据，向船东提供 IMR 数据的初始值。物料清单（bill of material，BOM）是设计系统、工艺系统和制造系统之间信息传递的主体[99]。在生产设计模型向建造装配模型的过程中要使用到以下三种 BOM。

（1）设计 BOM（engineering BOM，EBOM）。EBOM 是生产设计阶段所使用的产品数据结构视图，精确描述了船体结构中总体、分段、部件、构件之间的关系。EBOM以产品结构树的形式表达，反映整个船体的组成单元。生产设计系统可直接从相关的模型文件中提取构件属性、单元属性等设计数据，从而形成 EBOM。

（2）工艺 BOM（process BOM，PBOM）。PBOM 是建造单位的工艺设计部门用来组织和管理生产的工艺文件，是在 EBOM 的基础上，对船体结构进行工艺分解，建立起构件加工、各种单元装配的工艺规程，并确定加工装配过程中所使用的辅助设备后生成。PBOM 直接与船厂的建造水平和生产能力有关，它可以明确各级装配单元、构件之间的关系，跟踪它们的制造场地、负责人、材料配置等信息。

（3）建造 BOM（manufacturing BOM，MBOM）。MBOM 是在 PBOM 的基础上，建造部门根据实际建造和生产过程中具体情况确定的各装配单元所需的BOM。它清楚地描述了构件的名称、位置、加工装配顺序、工序及工位的任务、装配后的去向等信息，因此 MBOM 的编制也非常耗费资源。

BOM 起始于生产设计阶段,贯穿于整个建造过程。生产设计模型与建造装配模型的集成即 EBOM、PBOM 及 MBOM 的集成。三者的产品结构树不完全相同,具体分析起来有以下几种情况。

首先,在加工装配过程中必然有一些构件是需要外协单位生产的,如首柱、尾柱、舵系结构中的铸件。这些外协构件存在于 EBOM 和 MBOM 中,但不会出现在PBOM 中。

其次,还经常会由于工艺的要求临时添加一些构件,如临时性吊环、临时性加强材、临时开孔、垫板等,这些构件仅仅是为了建造需要而临时添加的,在进入更高级的装配作业时应拆除,但有些难以拆除或以后营运阶段中还能用上的构件,则继续使其附着在船体结构上,成为永久性构件。这些临时添加的构件是 PBOM 及MBOM 在 EBOM 基础上的自增行为。

有时,必要的原因使得建造过程不能按照原设计进行而必须临时更改船体结构,此时则应首先停止使用当前 PBOM 及 MBOM,对 EBOM 修改后再更新PBOM 及 MBOM。

因此,EBOM、PBOM 及 MBOM 的集成必须处理三者之间产品结构树中构件的相互映射问题。将三者中都始终对应的构件定义为基本构件,由外协单位加工的构件称为外协构件,最终需要拆除的临时性构件定义为虚设构件,最终成为永久性构件的临时性构件定义为中间构件,则可按如图 3.17 的映射机制来处理。

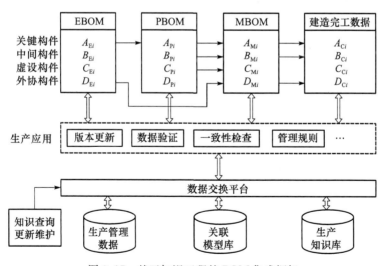

图 3.17　基于知识工程的 BOM 集成框架

版本更新模块负责维护 BOM 内的产品结构树配置;数据验证模块负责检查BOM 转换是否存在错位、遗漏等错误,是否需要重新进入转换过程;一致性检查模块负责检查 PBOM 及 MBOM 的转换是不是在最新版本的 EBOM 基础上进行的。

3.3 CAX 模型之间的集成

3.3.1 CAD 模型与 CFD 模型的集成

自 20 世纪 60 年代以来,计算流体力学(computational fluid dynamics,CFD)得到了长足的发展,这一方面归功于大量科研人员的不懈努力,另一方面则是工业本身的巨大需求。在传统的船舶设计中,需要大量的模型试验,而模型试验费时费力,因此船舶设计者开始寻求 CFD 方面的帮助。然而,由于流场存在自由面,船舶 CFD 的发展要比其他工业方面的发展慢得多。随着计算技术的发展和计算机性能的提高,CFD 作为一种分析设计手段在船舶行业得到了广泛的应用。目前船舶 CFD 应用正朝着多性能(减阻、操纵等)、多效应(黏性、非定常等)、多工况等方向发展。

网格划分是 CFD 计算过程中最为耗时的环节,也是直接影响计算精度和效率的关键因素之一。在划分网格时,需要给定单元类型和网格类型等参数,需要注意不同的网格单元应与不同的网格类型相匹配。对于复杂的船型,网格划分不容易一次成功,而且即使成功,计算的结果也可能有一定的差异,因此在实际操作中往往需要针对各种可能的网格类型与单元类型的组合进行试验。

网格划分问题已成为 CFD 在船舶设计与优化中应用的瓶颈,吸引了许多学者开发更高效的网格划分方法。顾耀林等给出了使用 Akima 插值生成船体湿表面网格的方法[100],但 Akima 插值仅能保证曲线的一阶导数连续,在球鼻艏等船体曲率变化显著区域很难保证网格划分精度。张海彬等给出了使用累加弧长三次参数样条函数实现船体湿表面网格生成的算法[101],避免了 Akima 插值方法的缺点,但仅沿船体吃水方向进行了等弧长划分,而没有沿船体纵向进行等弧长划分,因此不能保证生成的面元有合适的长宽比。Bailey 等给出了使用计算机型线光顺软件 ShipShape 生成的双参数曲面片将船体湿表面离散成四边形面元的方法[102],但受曲面片表达形式的约束,生成的网格不能对首尾有较大的球鼻艏的船型进行准确模拟。戴愚志等使用累加弧长三次样条曲线生成船体湿表面网格,沿船体横向和纵向进行等弧长划分以保证相邻面元的面积基本相等,通过输入面元长宽比以控制所生成的面元长宽比[103]。

以上这些方法各有优缺点和相应的适用范围。但还应认识到不同船型的网格划分方法也各有特点,将这些知识进行参数化、模板化、标准化,存入知识库中,则可运用知识工程的方法来代替人工进行划分计算区域、确定网格尺度、检验网格质量等工作。基于知识工程的船体曲面网格划分流程如图 3.18 所示。

基于前述的知识系统和推理机制,开发了针对肥大船型的船体曲面网格划分程序,界面如图 3.19 所示。以某 VLCC 为例进行了验证,采用 CATIA 作为船体曲面及网格的几何建模环境,图 3.20 为该船船体曲面的网格划分,网格边长取 0.6m。

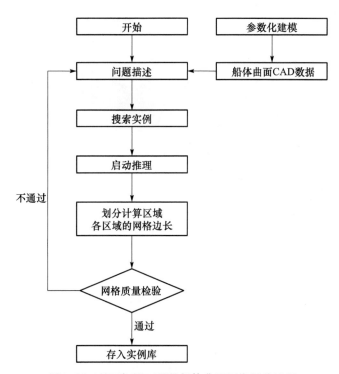

图 3.18　基于知识工程的船体曲面网格划分流程

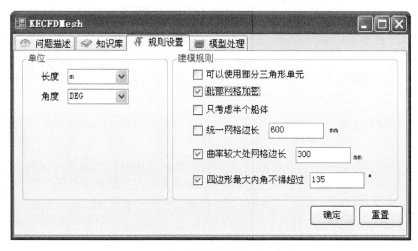

图 3.19　船体曲面网格划分程序界面

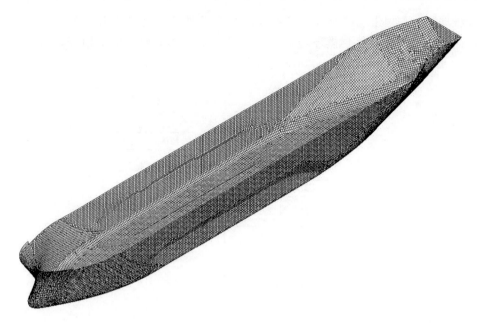

图 3.20　某 VLCC 的船体曲面网格划分

3.3.2　CAD/CAM/IMR 模型与 FEA 模型的集成

随着共同结构规范的强制实施,有限元分析(finite element analysis,FEA)技术已经成为船体结构设计评估中不可或缺的手段,但有限元分析的应用尚存在以下不足。

(1)建模周期较长。船体结构构件繁杂,在空间上相互交错。即使对于驳船这样结构较简单的船型,在现阶段利用成熟的有限元软件建立一个适于计算的有限元模型也需要较长的时间,以 ANSYS 为例,一艘驳船的完整有限元模型(包括首尾部分)通常需要 10 人工时。

(2)模型变换能力较弱。船体设计是一个螺旋向上的过程,大量设计信息一直在变化,如果船舶的关键初始信息(如主尺度、肋骨间距等),甚至船体型线等发生了变化而必须修改有限元模型,也需要相当长的时间来完成。

(3)模型复用度较低。船体结构设计中,不仅在技术设计阶段需要用到有限元分析,在生产设计时,出于对生产工艺(如吊装、下水方式、进坞起浮等)的考虑,有时也需要进行有限元分析,在这种情况下一般不能直接利用技术设计阶段时的有限元模型,这就需要对模型进行修改或重新建模,在一定程度上造成了资源的浪费。

(4)质量控制标准不一。船体结构有限元分析中建模区域、单元形式、网格形状等问题都影响到有限元计算结果,不同人员对同一问题分析的结果很有可能不尽相同,这也常常导致设计人员和审图人员意见不一致。尽管现在各主要船级社的规范都对这些问题有所提及,但还没有形成一个执行更明确、过程更标准的规范。

上述的这些弊端在一定程度上影响了有限元分析在船体结构设计、评估中的应用，进而影响到船舶的安全性、经济性等性能。图 3.21 为传统基于有限元分析的船体结构设计流程，对其深入分析可以发现，分析人员的精力主要花在各个阶段的数据处理上，很难再将更多的精力投入到对结构型式-性能的分析中，这时 FEA 软件更大程度上是一个建模和计算工具，而不是真正意义上的分析工具。如果强度不满足要求，一般也是在修改工作量最少的前提下做局部修改，这样就限制了船体结构型式的取值范围，不一定能得到最优解或较优解。可见，如果分析人员能将数据处理的时间降至一个很低的水平，就能有更多的精力考虑到船体结构型式对性能的影响。

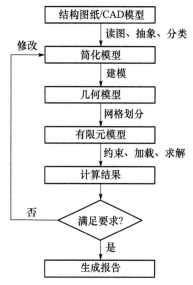

图 3.21　传统的船体结构
FEA 应用流程

实际上，在其他学科，如飞机、汽车等结构有限元分析中，也遇到上述的种种问题，为了提高有限元建模的速度，许多研究人员从参数化技术和面向对象技术方面着手，取得了一定的成果。钱湘群等研究了基于参数化的活塞三维有限元分析系统[104]。楚志远等研究了自行火炮的参数化有限元建模方法[105]。于雁云等研究了基于参数化表达的船舶结构有限元法[106]。

在面向对象有限元法方面，Zimmermann 等在 1992 年就开始了对面向对象有限元法的研究[107]。徐元铭等运用面向对象原理与人工智能推理技术构造了航空结构有限元分析专家系统[108]。吴俊等采用面向对象技术研制了用于水工结构的自适应有限元分析系统[109]。罗金炎等研究了面向对象有限元法在船舶结构设计中的应用[110]。杨大伟等研究了面向对象有限元程序编制中的关键问题[111]。

参数化建模技术的基本思想是提取模型的形状特征，用变量的形式表示这些参数，修改这些变量可以得到一系列形状相似但尺寸不同的模型。这种由尺寸驱动修改模型的方法能够满足几何拓扑结构相近的产品设计需要，但也有其不足之处。

（1）参数只能驱动几何尺寸，而不能修改模型特征。这是因为特征已经固化在程序代码中，不同的特征就需要不同的参数化模块来对应，当结构中特征较多时，将给编程工作带来难以想象的复杂度。

（2）参数之间相互独立。当一些参数变化较大时，有可能使特征严重变形，甚至会打破特征之间的约束，造成信息丢失。

面向对象技术可以通过多态性解决上述第一个问题，也可以通过将参数之间的函数关系作为特征对象的方法来解决第二个问题。但面对新型特征结构的分析时，则需要重写对象的成员函数甚至增加新类来解决问题，这将牵扯到程序代码编写调试等底层工作，对工作效率不会有明显的改善，对于程序的维护工作也有不利的影响。

基于知识工程的船体结构 FEA 流程如图 3.22 所示。

基于前述的知识系统和推理机制，开发了船体结构 FEA 支持程序，如图 3.23

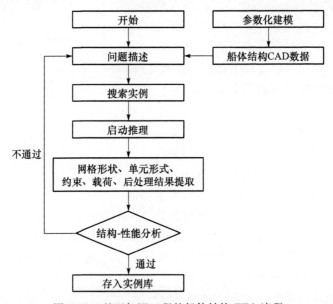

图 3.22　基于知识工程的船体结构 FEA 流程

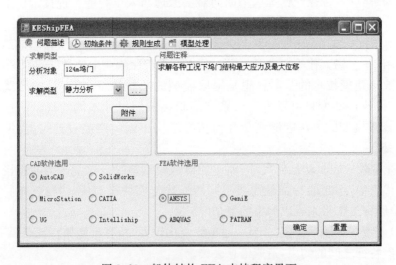

图 3.23　船体结构 FEA 支持程序界面

所示。能够处理三种典型的船体结构:板梁结构,管结构,管结构、桁架结构与板梁结构形成的组合结构,如图 3.24～图 3.26 所示。

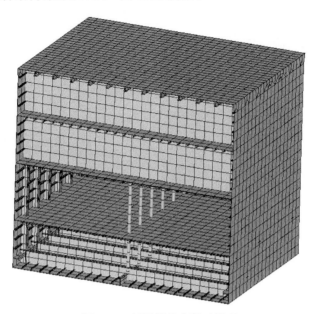

图 3.24　板梁结构有限元模型

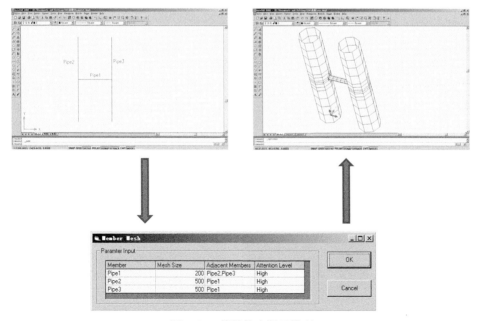

图 3.25　管结构有限元模型

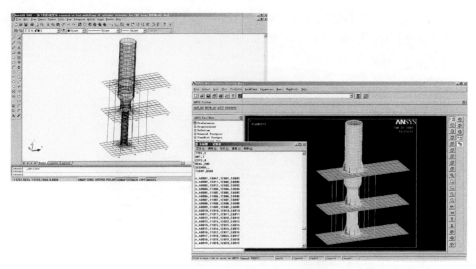

图 3.26　组合结构有限元模型

3.4　本 章 小 结

　　根据船舶生命周期的阶段划分,船体生命周期模型从船东需求模型开始,逐渐演化到初步设计模型、详细设计模型、生产设计模型、建造装配模型、检验-维护保养-修理模型、改装/报废/拆解模型。前一阶段模型的信息为后一阶段的输入信息。模型集成就是建立起船体生命周期各阶段模型之间的联系,形成逻辑上唯一的数据源,存放全部数据和知识。

　　本章面向船体生命周期模型的集成应用,研究了生命周期内各阶段模型的用途及建立方法,确立了生命周期内的数据流和逻辑流。在船舶的设计过程、建造过程及检验-评估-维修过程中,都有许多经验性的知识,导致应用集成难以实现完全自动化。本章综合使用面向对象技术和参数化技术,引入知识工程和设计结构矩阵优化的理念,建立了船体生命周期模型集成应用框架,避免了冗余数据和冗余动作的产生,使得模型数据导入和导出变得简单易行,从而降低了各阶段模型处理的计算成本,使业务人员更加专注于对结构性能的分析。

第4章　船体生命周期管理系统框架研究

船体生命周期建模的目的是形式化地描述所有数据及它们之间的逻辑联系，而船体生命周期管理则是为了支持业务人员和计算机系统对这些知识、数据进行处理。在应用环境上，船体生命周期管理涉及船东、设计院、船厂、船级社、测厚公司这些各自独立的企业，它们之间的协同体系结构是直接影响船体生命周期管理的重要因素，如何构建此网络体系框架是本章研究的主要内容。

4.1　船体生命周期管理目标

在行业战略发展理念这个层面上，船体生命周期管理是指对需求的协调、对数据的融合和对系统的集成应用，而不是单纯地将生命周期内各阶段的业务计算机化。船体生命周期管理是船舶行业业务过程全面信息化的基础，实施船体生命周期管理战略的目标主要体现在以下几个方面。

1) 提高数据定义的效率

在船体生命周期各阶段的业务活动中，大部分操作是数据定义。产品必须经过完整的定义从最初的原材料转变成可交付使用的最终产品后才能向客户交付。在船舶生命周期中，产品的内涵不仅仅是指船舶对象。例如，一套完整的船舶详细设计图纸是设计院交付给船东的产品，一份测厚报告是测厚公司提供给船级社的产品，船级社对登记船舶提供的各种服务也是产品，这些中间产品的定义集合构成了整个生命周期的船舶信息数据。面对格式各异的海量信息，高效的数据定义流程是提高业务效率、增强行业核心竞争力的关键所在。

提高数据定义效率可从两个主要方面入手，首先是提高数据定义的生成效率。在这个方面，如 CAD、CAM 以及 CAE 等可直接提高效率的工具已得到了大量的应用。然而，仅提高数据定义的生成效率是不够的，还应提高数据定义的分发与共享效率。在当前的业务活动模式中，由于信息获取不及时而延误工作的情况大量存在。例如，在船舶设计时通常需要参考母型船图纸，而搜集、查找母型船资料的时间往往占据了整个设计周期很大的比例。又如，尽管总体设计人员已经对总布置进行了更改，但因为设计人员忘记发送总布置设计变更的电子邮件，其他专业人员还在按旧的总布置进行设计，进而导致布置干涉、数据不一致等一系列问题。这些现象确实存在，并带有一定的普遍性。所以，数据定义的分发与共享效率和它的生成效率同样重要。这项需求在企业应用了多种计算机系统之后显得更加突出。

2）维护数据定义的准确性

数据定义的准确性包含了两个方面的含义。首先是数据定义的完整性，如来自舾装、轮机、电气不同专业的设备都需要在总布置图中体现，因船东对于某一专业需求的变化，设计人员对总布置进行了修改以适应该专业新的设计需求，此时，系统应有相应的措施以保证其他专业的信息完整性——通知其他专业的设计人员并标记所有受影响的舱室及设备，在其他专业的设计人员确认前禁止对总布置进行修改，或者终止共用关系并为各专业生成独立的总布置实例，具体采取何种措施则需根据实际需求来确定。

数据定义准确性的第二个含义是针对时间及事件的有效性。如今，企业往往基于一个平台针对不同的需求同时开发不同配置的产品，另外来自于建造阶段的因素也对设计阶段环节产生影响（如原材料价格的变化、关键设备是否能及时供货都会导致设计上的变更）。这就使得数据定义是与其环境因素息息相关的。不同的时间、订单、批次，以及动态的市场销售、供应商、库存等信息都可能需要对数据定义进行适时的变更以适应特定的需求。

3）推动全生命周期的业务协同

船体生命周期管理的特点之一是整个信息链十分复杂。不仅各个阶段的主体成员都是相互独立的单位，而且每个阶段的子过程都可以外包方式执行。这就使得船体生命周期信息链上各成员的协同作业变得尤为重要。

毫无疑问，之前所述的数据定义效率和数据定义准确性是保证高质量的产品协同的基础。除此之外，数据的能见度和互操作性是另外两项推动业务协同的关键技术。数据定义之所以对这两项技术产生如此大的需求，是因为当前的企业运营环境和企业信息技术应用环境十分复杂。一方面，大量的格式各异的计算机辅助系统在企业中得以应用，甚至同一个企业中使用多种三维CAD产品的情况已是常态；另一方面，企业内及企业间复杂的管理信息系统的架构使得数据的即时通信成为提高效率的一个瓶颈。简而言之，数据的能见度要求所有用户（无论他们是否属于同一个部门、同一个企业，也无论他们使用什么样的工具和系统）都能获得相同的信息；数据的互操作性则要求用户可在合理的控制机制下对他人的信息进行必要的操作。船体生命周期管理并不是要承担起所有的企业内及企业间的协同作业，而是要保证与业务相关的主要数据的及时性与准确性。

4）增强产品的可持续性

可持续发展越来越为现代企业所重视，一个企业如果想长期在市场中立于不败之地，那么它就应该一直提供受用户欢迎的产品（包括服务）。产品可持续性强调产品应具有良好的拓展基础，即开放的产品结构、清晰的数据推导规则及良好的应用前景。

为支持产品的可持续性，船体生命周期管理首先必须是历史敏感的，这意味着所有的信息必须具有可回溯性以支持责任界定、数据挖掘等关联操作。其次必须是面向未来的,也就是说,在船舶生命周期开始之前,就必须在船舶今后整个生命周期内将经济性、安全性、环境保护的影响考虑在内。船舶行业各界现在已经普遍认识到,在船舶设计阶段,设备供应商、船东、船级社及船厂等参与得越早,所设计的船舶就越能获得成功。

4.2　船体生命周期管理环境

实施船体生命周期管理,必须考虑以下几个主要问题。

1) 坚持自主开发的路线

当前,还没有出现商业化的、功能较完善的船体生命周期管理软件系统环境。这是关系到行业竞争力的核心因素,作为行业的发展战略,无论全盘引进国外软件还是在其基础上二次开发来实现都有很大的风险。首先,软件公司受商业利益的驱动,不可能把全部技术和经验传授给企业,在一些关键技术上是保密的,系统开放性差,很难二次开发。其次,由于和我国国情不同,生命周期内各个业务环节的流程都有可能不同,国内企业不可能全盘照搬国外系统,在实施中必须要本地化,以适应企业实际情况,但其代价是十分昂贵的,或者,某几项业务流程未同时进行本地化,就要影响信息化实施。再次,随着信息技术的发展、国际公约对船体生命周期业务活动的要求增加,系统功能必定要扩大,长期依靠软件公司维护升级有一定难度,何况这些软件公司自身的命运还很难预测。因此,必须依据我国造船国情进行自主开发。

从软件工程的角度,船体生命周期管理系统开发是一个系统工程,也是一个需要较大投资的软件开发项目,且不能以销售的方式带来利润,短期内难以使用户获得显著的收益。船体生命周期管理的受益用户是信息链上所有企业成员,这些企业应成立一个联盟组织,专门负责向系统开发投入人力和资金,协调各方的业务特性、利益和冲突,但最重要的还是要坚定软件自主开发的信念,半途而废只会产生更大的阻力和怀疑,已取得的成果也可能丧失殆尽。

2) 确立生命周期各阶段的管理主体

在 PLM 中,制造企业是整个生命周期中的管理主体。但在船体生命周期管理中,各个阶段的业务主体相互之间都是独立的企业单位,在这些企业之上并不共享同一个业务管理部门。在数据交换中,只应处理与船体生命周期有关的数据,而不是处理这些企业的所有数据,因此应从物流和信息流的角度来分析,分阶段确立船体生命周期的管理主体。

从需求分析到详细设计阶段,设计单位一直把握整个船舶的设计思路、中间设计数据及设计成果,应成为此阶段的管理主体。从生产设计到建造完工,建造单位负责设计信息向生产信息的转化,生产信息的处理,原材料的购买、存放、加工,应成为此阶段的管理主体。从开始营运直至报废拆解,期间的每次检验、维护保养及修理事务,都直接和船东发生经济关系及法律关系,需要船东亲自参与,切实掌握这些数据,因此船东应成为此阶段的管理主体。管理主体的责任包括储存、维护、管理自身在各阶段产生的所有数据,向其他成员共享所需的数据。

3) 建立相应的行业规范及标准

在业务活动中,信息链上各成员在处理数据时有自己的特点、模板及习惯。虽然大多数中国船舶企业都在积极实施与应用信息化,但各自的信息化建设程度不一,信息化手段也各不相同,由于尚且没有一个行业标准可以参考和借鉴,行业间的互相配合与促进也无从谈起。如果某一节点企业达不到整体的信息化要求,无法做到信息的及时有效传递和处理,就会影响到整个信息系统的运行效率。当前各企业往往过于强调各自的特性,无法统一口径。建立面向船体生命周期管理的行业规范及标准,要顾及到绝大多数企业的特点和信息化水平。

规范化及标准化的主要对象是数据表达方式和业务流程。规范各企业之间的信息交流方式、数据接口格式及内容是顺利实现跨接各种应用平台及信息互通的基础。数据标准化的问题已在前两章中讨论过,业务流程规范化则需要按现代船体生命周期业务模式要求,重构企业管理体制和业务模式,制订协同作业规则,建立均衡协调的统一体系。这是一项在船体生命周期管理中指导技术实现的基础工作,也是船体生命周期管理实施的前提条件。

4) 开发先进的信息采集手段

信息管理的前提条件是信息的存在,当前在各个阶段的业务活动中,虽然对中间信息处理的自动化水平较高,但初始信息的采集手段还比较落后,这也是一个比较严重的阻碍。早期 ERP 失败的原因就主要在于 ERP 数据导入的效率和质量问题没能解决。当时虽然上线了 ERP 系统,但系统的数据导入以及这些数据的生成都是手工完成,技术人员需要先将图纸上的数据录入计算机,并建立相应的数据组,导入 ERP 中,数据不进入 ERP 系统就无法开通生产。所以,无论从时间还是正确性上来说,都对技术人员提出了相当大的挑战,最后导致了一段时间内 ERP 不能实际应用。

船体生命周期各阶段的业务活动中,都有大量的信息采集工作,如建造过程中的误差测量、检验阶段中的构件腐蚀剩余厚度测量,这些数据多为手工输入,反馈速度慢,难以及时向后续系统提供批量数据。开发先进的信息采集手段,提高业务活动效率的意义不言自明,更重要的是可明显降低系统的使用难度。

4.3　船体生命周期管理关键技术

船体生命周期管理整体方案要求在全生命周期内综合采用多种技术,协同处理数据。这些得以实现的前提条件是通过对各自业务逻辑的规范化和标准化,将各自业务处理的信息化程度协调在均衡的水平,成员企业在一定的协议下共享业务数据。因此,最关键的技术主要体现在五个方面:工作流管理、企业门户技术、企业集成应用技术、信息链成员行为管理及移动计算技术。

4.3.1　工作流管理

工作流的概念最早起源于生产组织和办公自动化领域,是指针对日常工作中有固定程序的事务管理[112]。工作流管理按照一定的规则和过程来执行任务,提高办公效率,降低生产成本,提高企业生产经营水平和竞争力。工作流技术作为计算机支持的协同工作(computer support collaboration work, CSCW)研究的一个重要方向,主要目标是通过调用相关信息资源与人力资源来协调业务过程中的各个环节,使之按照一定顺序依次进行,从而实现业务流程的自动化。在这个过程中,各种文本、信息和任务都根据设定的规则,从一个节点传送到另一个节点。

工作流管理技术能对业务过程进行明确定义,确定人员责任以及相互协同关系。工作流管理技术能实现对业务过程的动态跟踪和过程优化。工作流管理系统采用模块化方式定义过程,能对过程进行重组,适应动态变化的企业环境;工作流管理系统能将不同平台上的应用系统集成到同一个业务过程中,并且实现业务逻辑和过程逻辑的分离,使系统用户不必关心底层的过程逻辑,只需考虑自己所要完成的任务。

工作流管理系统是指定义、创建和管理工作流执行的软件系统,它运行在一个或多个用于解释过程定义、实现参与者进行交换并调用相应工具和应用的工作流引擎上。为了实现不同工作流之间的互操作,1993 年国际工作流管理联盟(Workflow Management Coalition, WfMC)对工作流管理系统的相关术语、体系结构、参考模型及应用编程接口等方面制定了一系列标准。WfMC 提出的通用工作流管理系统的体系结构如图 4.1 所示,这个体系结构给出了抽象的工作流管理系统的功能组成和接口,可为实现工作流产品之间的互操作提供公共基础。

工作流管理系统的主要功能组件包括四个部分。

(1) 过程建模工具。通过形式化过程定义语言、对象关系模型实现过程描述。过程建模工具可以作为特定工作流系统的一部分,也可在业务过程分析与建模工具中实现。

(2) 过程定义。过程定义包含必要的信息以被工作流执行工具调用执行,如开始和技术状态、任务描述、调用程序描述及相关数据定义等。

(3) 工作流执行服务。在工作流引擎的基础上,工作流执行服务实现过程解释、过程实例化控制和活动排序,添加任务和调用应用工具等。

(4) 工作流引擎。工作流引擎向工作流实例提供运行时执行环境的软件服务,它能够控制多个过程、子过程以及具有特定范围的过程实例的运行。

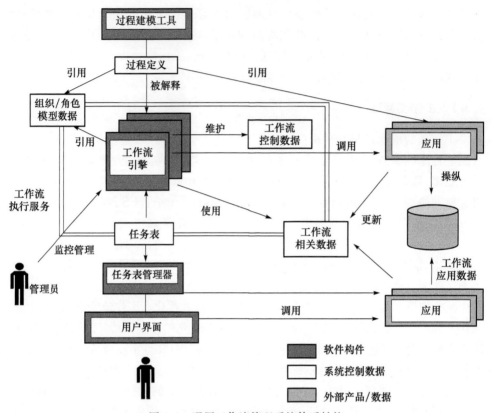

图 4.1　通用工作流管理系统体系结构

　　根据船体生命周期管理事务的特点,可采用如图 4.2 所示的工作流管理系统结构。

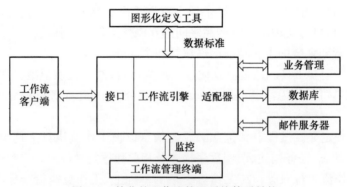

图 4.2　简化的工作流管理系统体系结构

　　在船体生命周期管理事务中,工作流管理的流程涵盖了很多方面,其中最常用的两项是审批流程管理和工程变更管理[113]。

在船体生命周期管理事务中,每天都会产生大量的数据信息,其中有很多信息需要经过审批才能发放给工作人员作为指导使用或者存档。例如,设计图纸需要送船级社审批,建造过程中的工艺图纸需要现场验船师审批,测厚公司完成的数据报告也需要现场验船师审批。审批业务流程一般包括以下步骤:当数据提供者完成数据定义后,需要把这些数据提交给相关的审批人员审核和批准。审核人员对其中存在的问题提出意见,并反馈给数据提供者。数据提供者根据审核人员给出的意见对数据信息进行修改,并再次提交给审核人员审核和批准。如此直到数据信息修改完善,被所有审核人员批准后,发送给有关人员使用或存档。

传统的图纸及文档审批流程是通过手工方式进行的,这样的审批过程效率低,特别是当需要多个人员会签时,数据文件要在每个人员手中串行传阅。当某审核人员收到要审批的数据文件后,由于各种原因不能及时完成审批工作,那么其他人也无法继续审批,这将使整个审批过程被延误。

通过工作流管理可以预先指定审批流程,定义工作流程阶段的数量和名称,依照具体业务的工作性质确定各个工作阶段的先后次序及对应的审批人员、角色和时间期限等,还需要规定每一级审批通过的规则。数据提供者在工作区完成数据定义后便可根据需要选择相应的文档审批流程。工作流管理系统自动进入预先指定的审批流程,然后通过电子邮件或其他方式通知有关人员审批,并把这些文件资料发送给相关审批人员。相应的审批人员收到请求审批的信息后,完成自己的审批或校对工作。当某一个节点需要多个审批者时,流程可以将送审资料同时复制发送到每个审批者的工作文件夹,使多个审批者可以同时并行地工作,同时对此送审资料进行审批,以提高审批的工作效率。

在工作流管理系统中采用电子签名,具有权限的审批人员才可以打开审批任务界面,然后依据审批界面上的按钮选择同意或不同意来进行表决,同时填写相应的审批意见。电子签名即系统通过权限控制,使无权用户无法进入审批界面,也就无法进行审批操作,系统根据审批者的权限就可以唯一确定审批意见来自于哪个审批者,从而起到了签名的作用。所有的审批签字和审批意见都是整个生命周期数据的一部分,采用电子记录的方式永久保存。审批完成后,此审批文档自动放入电子资料库,工作版本就变为发放版本,加以保护,防止被未授权的其他人员访问,对于授权人也只能查阅而无法修改。

工程变更也是企业中经常遇到的情况。例如,已经发布的结构图纸在后续设计过程中发现了干涉问题,已经成型的构件或已装配的组立发现了质量问题,这时就需要对原有的图纸文档进行更改,对这种更改的管理就是工程变更管理。当需要对工作流进行变更时,要求更改人员提出更改请求,同时要说明更改原因,指明更改内容,并将更改请求提交有关人员审批,只有通过审批签发的更改请求才能赋予实施。

在企业中工程变更往往涉及规范的过程约束与流程控制,所以它与工作流管理总是密不可分的。工程变更管理本身是一个特定的工作流,它有申请、评估、批准、实施、通知更改等几个基本环节,而这几个基本环节在具体执行时又有更详细的步骤。例如,对更改设计方案的会签,必须确定会签的人员,通过对更改方案的审批,然后进行签发。同时,被更改的设计文档必须与设计更改方案建立关联关系,在设计更改方案会签完成的同时获得设计文档版本升级的权限,并自动将升级后的文档提交相应的流程。如果更改过程产生了新的设计文档,也需与更改方案建立关联关系,在建议书的审批完成后驱动新文档的审批流程,相应的更改通知单由工作流管理系统自动生成。图 4.3 是一个典型的业务更改流程。

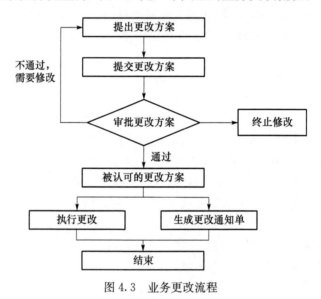

图 4.3　业务更改流程

4.3.2　企业门户技术

企业门户是一种基于企业 Intranet,建立在企业数据仓库基础上,能够提供访问企业相关信息和支持企业开展网上业务的功能,面向企业员工、客户、合作伙伴和潜在客户,并具有安全、一致入口的网络应用系统[114]。它使企业员工、客户及合作伙伴能够从单一的渠道访问其所需的信息,并完成所授予的管理职能。企业门户包括企业信息门户、企业知识门户和企业应用门户。

为了向用户提供一个单一的重要信息访问入口,企业门户首先要支持广泛的数据源,包括 CAX 系统、数据库、文字处理、表格文件和多媒体文件。通过从后台系统抽取业务信息,建立索引,连接基于 Internet 和 Intranet 的内容。其次,企业门户必须有一个强大的、可扩展的系统用于存储和组织数据,否则系统将无法接纳大量的用户。后端数据库必须是动态的而不是静态的,这意味着数据源和桌面的数据展示之间是一种非常复杂的连接。因此,企业门户还必须有一个前端的界面。该界面必须让新用户易学、具有很强的数据展示能力,并且要方便管理,对用户来说还要很容易地进行定制。

总而言之,企业门户帮助企业搜集和组织大量的、未相互连接的数据。这些数据通常是典型的业务数据,分布在企业各处。然后将这些数据以一种易用的、可定制的、基于浏览器的界面呈现给用户。企业门户一般由用户验证、信息服务、应用服务、用户服务、搜索引擎、内容管理等部分组成。

企业门户能与关系型数据库进行交互,在保证数据的安全性、保密性,并跨平台、跨网络协议运行的基础上,集成企业中各种不同的应用和知识,传递企业中各种数据信息,使企业可以通过一个统一的工作通信平台协同工作,进行科学管理和决策。

企业门户的发展分为四代:第一代是参考性门户,主要特征是加强网络内容分级目录的搜索引擎,增强企业内容信息的服务能力;第二代是加强内容的个性化定制;第三代是交互式,即加强流程协作等方面的建设;第四代则是专业化,即进行特定业务和角色的企业门户建设。图 4.4 为第四代企业门户的典型结构。

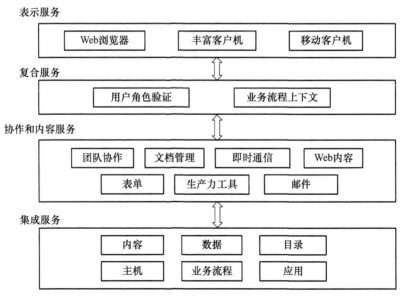

图 4.4　专业化企业门户结构

目前一般采用 J2EE 或 VS. Net 的标准来架构企业门户,典型的 N 层结构包括客户层(各种浏览器)、Web 层(Web 服务器以及相关软件)、中间层(中间件)和数据层(数据库和外部组件)。中间层通常需提供一定抽象功能的技术,如 EJB、

CORBA 及 DCOM 等。企业门户提供了企业内部的信息、应用和活动的个性化视图,而消息的传输协议是其多个许可选项的集合,它提供了高层次的外部集成,主要用于业务消息的格式转换。

通过 Portal 及其提供的接口适配器,可以有效地整合企业的知识管理系统、财务系统、流程管理等应用系统,扩展企业资源管理的范围。一方面可以从企业门户中获取这些系统的数据,另一方面也可以从企业门户中将数据写入业务系统中,从而完成企业相应的业务流程和资源管理。

4.3.3　企业应用集成技术

企业应用集成(enterprise application integration,EAI)能够将业务流程、应用软件、硬件和各种标准联合起来,在多个企业应用系统之间实现无缝集成,使它们像一个整体一样进行业务处理和信息共享[115]。EAI 通过建立底层架构,来联系横贯整个企业的异构系统、应用、数据源等。

一般说来,一个企业应用系统由数据库、业务逻辑以及用户界面三个层次组成。虽然应用系统的设计架构从三位一体发展到今天的多层结构,但它本身的定义没有发生很大的改变。而 EAI 则起着将多个应用系统连接的作用,是一个中间插件,如图 4.5 所示。

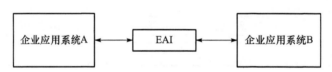

图 4.5　企业应用集成的定义

一个完整的 EAI 解决方案应当包含以下五个层面。

(1)用户交互。实现应用用户界面统一的接入与安全机制,利用门户技术进行构建。

(2)应用连接。通过 HUB 或总线架构,实现应用与应用之间的连接,完成相关的数据路由与数据格式转换。

(3)业务流程整合。实现业务流程管理,包括工作流管理和自动化流程两个方面。

(4)构建整合。这个层面包含两个部分,一部分是构建与现有应用兼容的新应用,另一部分是对现有资源进行重用以适应新环境的需要。

(5)信息集成。实现数据集成,在异构的数据源之间实现数据层的直接整合。

EAI 的目标决定其包括的内容很复杂,要涉及信息系统的底层结构、硬件平台、软件内部甚至部分业务流程等方方面面的各个层次。这种集成不仅是企业应用软件的集成,而且是企业业务处理流程的集成和优化,使集成的各个子系统能够协同工作。这种集成不但集成现有软件和遗留软件,更重要的是能够集成未来开发的软件。因此,EAI 的集成也分为若干层次。基于中间件的 EAI 解决方案主要有以下四种类型。

(1) 业务过程集成。对业务过程进行集成时,企业必须在各种业务系统中定义、授权和管理各种业务信息的交换,以便改进操作、减少成本、提高响应速度。业务过程集成,包括业务管理、进程模拟以及综合任务、流程、组织和进出信息的工作流,还包括业务处理中每一步都需要的工具。

(2) 应用集成。为两个应用系统中的数据和程序提供接近实时的集成。在一些 B2B 集成中,它可以用来实现 CRM 系统与企业后端应用和 Web 页面的集成,构建充分利用多个业务系统资源的电子商务网站。

(3) 数据集成。为了完成应用集成和业务过程集成,首先必须解决数据和数据库的集成问题。在集成之前,必须首先对数据进行标识并编成目录,另外还要确定元数据模型。这三步完成以后,数据才能在数据库系统中分布和共享。

(4) 平台集成。要实现系统的集成,底层的结构、软件、硬件以及异构网络的特殊需求都必须得到集成。平台集成处理一些过程和工具,以保证这些系统进行快速安全的通信。

通过以上集成,EAI 使得企业众多信息系统都与一个由中间件组成的底层基础平台相连接,企业内部的应用系统能够通信顺畅,从而实现了一种智能化业务流程管理调度引擎,负责企业业务流程的定制,这种定制提供图形化的流程生成手段,可以按照企业业务过程的变化,对流程随时做出调整。在生成业务流程时能通过生成器分配在各处理过程中需要的资源,并指定资源的调用方式和执行方式,能够自动调度资源和使用资源。通过适配器连接的所有应用都是流程管理中资源的一部分,这些部件在业务流程中如何执行、何时执行、执行的先后顺序由智能化工作流引擎进行调度。系统之间借助 EAI 实现良好的沟通,可以极大地减少以往通过手工处理导致的资源消耗(打印成本、人力成本、时间成本),为企业创造价值。在此基础上,还可促进企业之间的应用系统的整合,以实现企业同供应商、经销商等合作伙伴之间更加紧密的协作关系。

4.3.4 信息链成员行为管理

船体生命周期中的业务活动一般都是由多成员共同协作完成的。协同工作的内涵即在不同地理位置的工作群体,借助网络技术和计算机技术共同协调与协作的工作方式[116]。多个单位协同工作时,各单位之间存在着大量相互制约、相互依赖的关系。每个协同单位都有自己独立的结构,它们对业务过程中所关注的视角、评价的标准、掌握的资源、具有的知识领域等都不尽相同,产生了相互制约的关系;同时每个协同单位受到资源条件及时间、人力的限制,协同单位之间必须通过一定的合作和协调才能完成对整个问题的求解,由此产生了相互依赖的关系。协同单位之间相互制约、相互依赖关系主要通过约束来表达,当约束遭到破坏时就产生了冲突。

在船体生命周期业务活动中,根据冲突产生的原因不同,可以将冲突划分为以下四类。

(1)计划冲突。在设计和建造过程中,由于计划不周,不同级别的单位和人员的介入时间不妥,导致任务的拖延甚至失败;不同人员对任务的理解不同,造成预先制订的计划与实际过程不一致,也会导致无法按计划正常进行,这些与计划不符的情况,称为计划冲突。

(2)数据冲突。数据冲突主要是因缺乏对数据源统一性、数据版本控制等数据一致性的管理而引起数据难以同时满足多个协同单位的要求,以及系统对同一数据的存取、协调不当而产生的一类冲突。

(3)知识冲突。知识冲突是由于不同领域的规则难以互相满足产生的,这在总体设计阶段出现较多。例如,不同设计者面对相同设计对象时,由于所依据的规则、方法或标准存在不一致,在设计时可能会提出不同的设计原则,甚至不同设计者的设计经验不同,对同一设计对象的同一参数的要求也可能不同。

(4)资源冲突。资源冲突主要是指协同研制过程中需要的各类资源有限,如人力资源、制造资源、软硬件资源、其他辅助资源等,缺乏统一的资源调度,不能配合计划按时提供,从而导致在协同过程中产生资源冲突。

冲突消解中常见的策略有优先级排序、基于领域隶属度的推理和并行排序等策略。优先级排序是指给每个用户以固定的优先级,应用时选择最高优先级的用户;基于领域隶属度的推理适合处理处于同一工作流内的用户访问冲突,与被访问对象领域隶属度最匹配的用户拥有访问权;并行排序是把所有可用的排序规则都予以应用。上述策略各有特点,可将这些策略都包括在如图 4.6 所示的冲突管理体系中,根据实际情况选择相应策略。

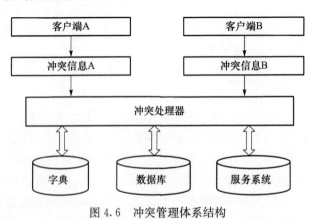

图 4.6　冲突管理体系结构

4.3.5　移动计算技术

随着互联网的迅速发展和广泛应用,人们通过网络获取信息的依赖性越来越强,移动计算正是为提高工作效率和能够随时随地处理信息提出的,它是指利用移动终端,通过无线网络与远程服务器交换数据的分布式计算[117]。移动计算所处的环境称为移动计算环境,它以无线网络为主,支持移动用户访问网络数据,实现无约束、自由通信和共享的分布式计算环境。移动计算的作用在于使用户可在任何时间、任何地点均能够从网络中获取所期望的服务。

近年来,移动计算在终端、网络及软件平台各个方面都取得了飞速的发展。移动终端设备包括笔记本电脑、平板电脑、智能手机、PDA 等。在无线通信网络方面,除了 CDPD、GSM、CDMA 等传统的通信网络外,无线 LAN 和卫星通信系统也得到了较大的提高。软件平台方面,客户端操作系统以 Win CE、PalmOS、Linux、Symbian 为主。随着智能手机的飞速发展,微软在 Win CE 系统的基础上,强化了其手机通信的功能,又独立发展了 Win Mobile 系统。在开发平台方面,主要有VS. Net、J2ME 和 BREW 三种编译环境。在数据管理方面,对移动数据库的研究正在成为研究热点。在移动数据库的设计中,需要考虑诸多传统计算环境下不需要考虑的问题,如对断接操作的支持、对跨区长事务的支持、对位置相关查询的支持、对查询优化的特殊考虑以及对提高有限资源的利用率和对系统效率的考虑等。为了有效地解决上述问题,如复制与缓存技术、移动事务处理、数据广播技术、移动查询处理与查询优化、位置相关的数据处理及查询技术、移动信息发布技术、移动Agent 等技术在移动数据库中具有特别的意义。它们都是实现和完善移动数据库的关键性技术,还有待于人们的进一步探索。

移动计算技术已经在许多领域中获得了巨大的成功,并涌现出许多令人耳目一新的实用系统。应该认识到在船舶的建造及营运阶段,移动计算技术是非常适合解决一些问题的,如建造现场的数据采集及上传、工位及人员实时派遣、检验测厚相关数据采集及上传等。

移动计算技术使得智能手持设备的开发不用再从底层的电路设计和模具设计做起,借助各种移动终端上搭载的硬件功能和外设的功能,可以扩展出很多应用。

4.4　船体生命周期管理系统框架

首先,船体生命周期管理系统框架描述在船体生命周期中主要的数据处理业务,使得信息链上各成员企业可以清晰地确定核心数据处理功能和业务流程。其次,船体生命周期管理系统框架描述各企业需要实施的计算机系统以及系统之间的关系。在一定程度上,船体生命周期管理系统框架构成了一个基本的船舶行业信息化解决方案。

　　在船体生命周期管理应用中,必须为不同的客户端重复使用具有不同接口的业务规则,又由于很多系统、流程之间的耦合性较强,会导致大量重复代码的存在,增加了系统维护的难度。解决此问题的根本方法应将数据从表示层分离出来,可以采用 MVC 的理念来指导系统开发。

　　MVC(model-view-controller)是一种软件架构模式,如图 4.7 所示,它把软件系统分为三个基本部分:模型(model)、视图(view)和控制器(controller)。

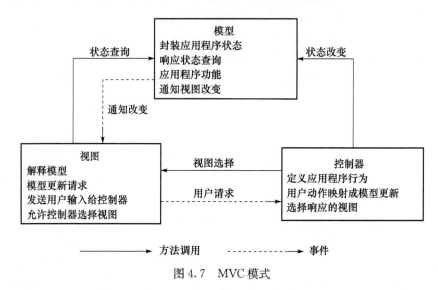

图 4.7　MVC 模式

　　模型用于封装与应用程序的业务逻辑相关的数据以及对数据的处理方法。模型有对数据直接访问的权限,如对数据库的访问。模型不依赖视图和控制器,也就是说,模型不关心它会被如何显示或如何被操作,但是模型中数据的变化一般会通过一种刷新机制被公布。为了实现这种机制,那些用于监视此模型的视图必须事先在此模型上注册,从而,视图可以了解在数据模型上发生的改变。视图能够实现数据有目的的显示。在视图中一般没有程序上的逻辑。为了实现视图上的刷新功能,视图需要访问它监视的数据模型,因此应事先在被它监视的数据那里注册。控制器起到不同层面间的组织作用,用于控制应用程序的流程。它处理事件并做出响应。事件包括用户的行为和数据模型上的改变。

　　提出 MVC 的目的是实现一种动态的程序设计,使后续对程序的修改和扩展简化,并且使程序某一部分的重复利用成为可能。除此之外,此模式通过对复杂度的简化使程序结构更加直观。

　　基于船体生命周期建模体系和模型集成体系,结合 MVC 思想,建立了船体生命周期管理系统框架,如图 4.8 所示。

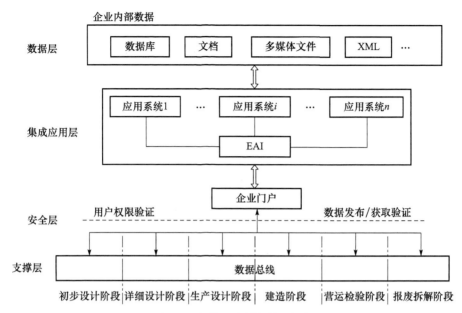

图 4.8　船体生命周期管理框架

该框架包括四个层次:

第一层次是数据层,指各节点企业内部产生的数据,这些内部数据中有相当一部分是中间数据,与船体生命周期管理没有必然的联系,不需要提交到数据总线上进行传输。也就是说,所有企业内部数据中能够提交到数据总线的部分构成的集合才是船体生命周期管理的数据源,它在空间上是分布的,在时间上是演化的,在逻辑上是集成的。前两章中已经论述了数据源的描述和集成方法,这里不再赘述。

第二层次是集成应用层,它不仅包括各个企业用于完成自身专业领域的各种应用系统,也包括企业门户、企业应用集成、工作流管理等集成系统。集成系统与应用系统交换输出输入数据,成为企业内部数据和数据总线上的公共数据之间联系的纽带。

第三层次是安全层,它可以对信息传输、域名服务、远程终端等网络运行指定一条有效的运行标准,为上层用户提供数据或信息语法的表示转换。负责系统内部的数据表示与抽象数据表示之间的转换工作,还能实现数据加密和解压缩等转换功能。在这一层,用户可以实现网络身份认证、数字签名、防止否认及加密等安全措施,不仅保护了用户信息的安全,也加强了网络信息的完整性,避免一些非法用户利用信息漏洞干扰计算机的运行。

第四层次是支撑层,主要为分布在不同地域的信息链上各成员提供数据传输服务,而一般多采用分布式数据库同步的方式来进行数据传输。分布式数据库(distributed database,DDB)是计算机网络环境中各场地(site)或节点(node)上数据库的逻辑集合[118]。图 4.9 为一种分布式数据库同步的方案。通过交换每个成员中所有已更新的记录和对象,来更新一个副本集两个成员的过程。当每个副本集内的更改都相互应用于另一个副本集时,两个副本集成员就实现了同步。数据库同步又分三种:直接同步,即用于直接连接到局域网的副本之间对数据进行同步的方法;间接同步,即用于断开连接环境中的同步方法,必须用"复制管理器"来配置间接同步;Internet 同步,用于将已配置了 Internet 服务器的脱机环境中的副本同步。

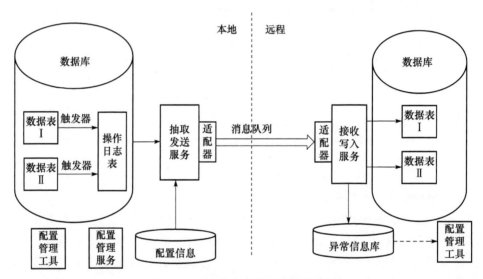

图 4.9　一种分布式数据库同步方案

进行分布式数据库同步,需要注意以下三个主要问题。

(1) 同步数据的提取。从数据库中提取出需要同步的数据,包括增、删、改三类动作对数据造成的改变。在数据表安装触发器是提取同步数据的简单有效的手段,而且触发器对应用层而言是透明的,应用程序感觉不到触发器的存在。

(2) 同步数据的可靠传输。数据传输可以用队列来实现,如 MSMQ、IBM MQ Series 等。

(3) 数据冲突与操作冲突的规避、发现和解决。数据冲突是指两个节点合并数据时,出现约束冲突的情况;而操作冲突是指两个节点同时对同一条记录发生操作,导致在双向同步时难以决定两个操作执行的先后顺序。

4.5　本章小结

本章首先讨论了船体生命周期管理的概念和内涵。船体生命周期管理的目的就是管理船体结构在其生命周期各个阶段中的数据和相关操作,并且以演化发展的观点将阶段性的数据操作集成起来。船体生命周期管理的基础是统一的模型表达及模型的有机集成。

　　船体生命周期管理是整个船舶行业的最上游核心技术,代表了全行业的竞争力,必须自行研发,不能将希望寄托于国外的软件供应商。本章重点论述了在船体生命周期管理开发中应考虑的几个问题,并详细讨论了五个方面的关键技术——工作流管理、企业门户技术、企业集成应用技术、信息链成员行为管理及移动计算技术。

　　最后本章基于前面所述的船体生命周期建模体系结构,结合 MVC 思想,建立了船体生命周期管理的基本框架,以解决船体生命周期管理应用问题。它有四层结构,分别是数据层、集成应用层、安全层及支撑层。船体生命周期管理框架具备三个方面的基本功能:数据管理、过程管理和集成。这三个基本功能能够使信息链上各成员的成本效率最大化,而且船体生命周期管理的价值还将随着可用服务数量的增加、使用这些服务的应用程序数量的增加以及用户的增加而不断增大。

第5章 船体生命周期管理系统需求分析

在船体生命周期管理框架的基础上,进一步明确各用户的功能需求,是实施船体生命周期管理的前提条件。本章主要从总体业务目标、业务流程、用户特点等方面对船体生命周期管理系统的总体设计进行分析。

5.1 业务目标的分解和归并

在行业战略发展理念这个层面上,船体生命周期管理是指对需求的协调、对数据的融合和对系统的集成应用,而不是单纯地将生命周期内各阶段的业务计算机化。船体生命周期管理是船舶行业业务过程全面信息化的基础,实施船体生命周期管理战略的目标主要体现在以下几个方面。

5.1.1 船级社总部业务总体需求

船级社总部人员同时会有多人参与业务,即多人同时从各自终端访问同一数据库来完成相关查询和数据修改工作。

船级社总部基本的业务需求如下。

1)船舶检验修理和维护保养记录的查看

船级社总部管理人员在总部局域网内的终端上可以查看船舶的所有检验、修理信息,查看船公司自愿提交的关于该船舶的维护保养记录,查看历次测厚数据。这些工作都是在有三维模型浏览的环境下来进行的,即查看每条记录都可同时查看该记录所关联的三维模型实体在船舶上的具体位置、形状。

2)船舶当前状态的分析

船级社总部人员可以对船舶的当前状态进行统计分析,如通过对该船舶所记录的所有检验修理信息的统计、对测厚结果的统计,可以得到该船舶当前状态的定量分析报表。

可以在三维模型上进行必要的标注、测量长度和面积,并可以保存该标注。可以在轻量化三维模型上进行剖切,获取剖切二维工程图,打印工程图。

可以选定结构件组来计算其涂层面积。

可以选定结构件组并输入每个构件的修理系数后获得修理量评估 BOM 表,该表包含修理所需的各类型材、板材的钢料量。

3）对验船师填报的数据进行审核

船级社总部人员可以对验船师填报上来的船舶检验修理记录和相关文件进行审核，通过审核的记录会在数据库中表示为"通过审核"。对于未通过审核的记录标记为"未通过审核"，当验船师下次在线同步数据时会看到这些未通过审核的记录及原因，验船师可以继续修改记录，并再次提交审核。

4）审核和发布船舶三维模型和初始属性数据

当某条船舶的三维模型和初始属性数据准备完成后，船级社总部人员需要对该模型进行审核，确认模型及相关的初始属性准确无误后，将该模型及相关属性数据导入船级社总部的数据库中将其标记为生效状态。同时，船级社总部要将该模型和相关属性数据文件打包发布到验船师、船舶管理公司、测厚公司能够访问到的Web 页面，供其下载，并且在 Web 页面上标识该下载数据包的相关信息。并通过软件系统自动发电子邮件通知给使用该数据包的相关单位的责任人。当有关人员访问网页下载数据包之后，网页会保留下载人员的访问下载记录。这里，验船师、船舶管理公司、测厚公司是否接收和什么时候接收船级社总部发布的下载数据包完全由其自身决定，船级社总部不必强迫其执行。

5）决定是否修订三维模型

船级社总部人员通过查看船舶的检验、修理记录，来决定对于船舶的一些重大修理作业之后是否需要对三维模型进行修改并重新发布新版的三维模型及模型相关的初始属性信息。如果决定修改三维模型就需要按照 4)所描述的要求，对该船发布新的下载数据包到 Web 页，更新船级社总部数据库上的数据。当然，新发布的模型和属性必须保证和原模型做到向上兼容，即数据库中存储的参照原模型的记录仍然正确存在。

6）决定是否修订船舶关键区定义

通过对历次船舶检验修理记录的分析，包括验船师填报的关键区历次检验发现的记录，船级社总部人员可以决定是否对某条船舶的关键区定义作出修订，修订之后要发布新的模型及模型相关的初始属性修改。发布新模型和属性修改信息，同样要按照 4) 所描述的要求来进行。

7）通过 Web 方式下载船舶管理公司提交的船舶维护保养记录数据包

船级社总部一般有对内 Web 页和对外 Web 页，给每个船舶公司每条船舶提供相关信息和下载文件以及供船舶管理公司上传维护保养数据包的页面位置。当船舶管理公司上传新的维护保养数据包后，船级社总部人员可以下载并导入船级社总部的系统数据库中供船级社总部和验船师使用。

5.1.2　验船师业务总体需求

每个验船师大部分时间参与业务是在单人单机离线状态下进行的，只有在向总部数据库提交数据时才会在数据库访问上发生多人并发。

验船师基本的业务需求如下。

1）离线方式完成检验修理记录的填写

验船师在个人计算机系统上在没有网络连接的条件下,可以在三维模型浏览环境下填写对船舶进行的检验、修理和发现等信息。同时,可以在三维环境下查看该船舶的历史上的检验修理记录、该船舶初始的基本属性信息等。在进行船舶舱室涂层检查时可以通过系统打印出相关船舶涂层管单元和示意图作为登轮工作的记录工作单。之后可以利用该工作单,在计算机上参照工作单的记录使用系统在三维视图辅助下便捷地输入检验记录。

2）在线方式提交检验修理记录到总部数据库

当验船师有条件接入船级社专用网络时,验船师可以在线方式,提交已经完成检验修理记录到总部的数据库中,同时可以下载总部对以前填报记录是否通过审核的通知。

3）在线方式下载船舶模型和相关属性以及检验修理记录数据

当验船师新接受某条船的工作时,在个人计算机中没有该船的相关模型和属性及历史记录时,验船师需要以在线方式从船级社总部下载所有这些数据到本地计算机中。或者当验船师接到总部的模型修改通知后,需要以在线方式下载新模型和属性数据包并更新本地模型和数据库。这些操作由验船师决定是否执行,而所有的模型更新和数据库更新工作系统将会自动执行,中间不需要交互,只有当执行失败时系统将会有提示,并保证本地数据恢复到未更新前的状态。

4）发布测厚草图并接收和审核测厚结果

当一次测厚任务下达之后,责任验船师可以通过在线方式访问船级社总部网站下载该船测厚用的数据包,数据包内包含测厚用的草图和草图配备的数据。验船师将该数据包复制或邮寄给测厚人员。当测厚人员填报完成测厚表之后,打包成测厚数据包复制或邮寄给验船师,验船师可以通过系统查看本次测厚数据,参看三维模型对本次测厚数据的结果进行审核,如果数据有问题,可以直接向测厚人员提出要求修改,并再次提交和审核;如果数据通过审核,验船师将在本地数据库中对这次测厚数据标记为"报送总部"状态,并在下次和连接总部专线时提交到总部数据库中供总部审核。如果总部审核未通过,下次连线时验船师将会得到通知,进行数据修订,并再次提交。

5.1.3　建模中心业务总体需求

为了支持船级社总部人员、验船师以及后面将提到的船舶管理公司和船员能够在三维环境下开展业务,建模中心必须高质量地提供用于承载和展示信息的船舶三维模型。该模型应为轻量化的模型而不是设计用的模型,主要考虑在满足三维浏览功能的前提下,尽量缩小模型的尺寸,提高模型在使用、传输中的效率并节省存储空间。

建模中心是由连接在一个局域网内部的多台高性能工作站组成,工作站之间可以共享文件模型,协同配合完成模型的建立。在建模期间,建模中心不会与船级社总部系统发生在线并发访问同一数据源的情况。只有在建模工作进展到某一阶段后,建模中心以文件传输方式,把已经建立好的半成品或成品模型发送给船级社总部,以供船级社总部检查模型、提出意见和建议之用。总部的检查意见和建议,通过电子邮件方式发送给建模中心的负责人。

建模中心基本的业务需求如下。

1) 完成船级社总部提出的建模和模型修改要求

利用合适的建模软件,进行建模和模型修改,生成轻量化的模型文件和模型文件的相关属性数据表。

2) 对于模型和属性信息的基本要求

模型包括:模型要保护船舶基本舱室、船级社涂层检查舱室及舱室内涂层区块划分、船舶管理公司涂层检查舱室、船舶管理公司涂层检查舱室内的板架、船舶管理公司涂层检查舱室的板架上的涂层区块划分、船舶甲板设备分类模型、甲板涂层分区模型、外板涂层分区模型、船体结构舱段内构件模型、全船结构舱段舱段组合构件和关键区模型。这些模型除了表征其准确的三维几何信息外,在匹配的初始属性数据表内要包含每个模型单元的初始备注信息,构件还包含构件的板梁类型区分、构件位置、重量、长度、面积、型材类型等信息,关键区要包含关键区的类型和备注信息等。

3) 用于建模的实用工具

建模中心需要在建模平台上使用用于快速建立船舶曲面模型的工具程序、用于单元模型批量修改名字和属性的程序、用于快速定义板架和典型结构的知识库模板工具。

4) 用于生成测厚草图和 ERS 所需信息的工具

建模中心可以在建立好的非轻量化模型上利用草图生成工具生成该船常用的测厚草图和匹配的数据表。另外需要工具程序完成 ERS 所需的关于船体梁基本信息,并生成 XML 格式的数据文件。

5) 用于模型及属性信息准备和检查的工具

模型建立完成后,用该工具可以方便生成模型匹配属性数据表或 XML 格式文件。并可以通过该工具完成对模型和匹配属性的完整性、信息参照一致性的检查,如果是修改的模型,还可以检查模型与原有模型的兼容性。

5.1.4　船舶管理公司业务总体需求

船舶管理公司系统在运行模式上与船级社总部系统相类似,也是在公司的局域网上运行共享的数据库,多个参与业务的人员或管理人员在各自终端上并发访问同一数据库,完成各种查询和数据更新工作。

船舶管理公司基本的业务需求如下。

1) 查看船级社发布的船舶信息和检验记录以及船员填报的维护保养记录

船舶公司的管理人员在公司局域网内的终端上可以查看船级社总部发布的该船所有的检验修理记录,查看船员提交的关于该船的维护保养记录,查看历次测厚数据。这些工作都是在有三维模型浏览的环境下进行的,即查看每条记录都可同时查看该记录所关联的三维模型实体在船舶上的具体位置、形状。

2) 对船舶当前状态的分析

船舶公司人员可以对船舶的当前状态进行统计分析,如通过对该船舶所记录的所有检验修理信息的统计、对测厚结果的统计,可以得到该船舶当前状态的定量分析报表。

可以在三维模型上进行必要的标注、测量长度和面积,并可以保存该标注。可以在轻量化三维模型上进行剖切,获取剖切二维工程图,打印工程图。

可以选定某个舱室,输入淤泥深度计算出淤泥的体积量。

可以选定结构件组来计算其涂层面积。

可以选定结构件组并输入每个构件的修理系数后获得修理量评估 BOM 表,该表包含修理所需的各类型材、板材的钢料量。

3) 修订和发布新的船舶保养规则、发布特殊保养指令给某船

船舶管理公司人员可以在已有保养规则基础上,结合公司保养要求的调整定制生成新版的保养规则,并将规则发布到船舶上。船员接收该规则后用来初始化在新保养规则下的保养记录表。船舶管理公司人员可以编制特殊保养指令并通过电子邮件方式发送到船舶上由船员系统接收并执行和记录。

4) 下载船级社总部发布的某船首次模型或新版模型并负责发布到船上

当船级社总部通过 Web 页(或光盘)发布了某船的新模型后,船舶管理公司下载接收新模型数据包,导入公司数据库,同时将模型通过光盘方式发布到相应的船上。

5) 从船级社总部提供的本公司船舶信息 Web 页上查看和下载信息并上传数据

从船级社总部为本公司提供的专用 Web 页上查看本公司船舶的相关信息,下载相关数据文件包(包括新模型和属性数据包、检验修理数据包及测厚数据包等)。同时可以将公司的船舶维护保养数据定期分批有选择性地抽取、打包并上传到船级社总部网站上。

5.1.5　船员业务总体需求

负责船舶维护保养任务的船员在船载计算机上单机离线完成维护保养数据的填报,查看查询船公司发布过来的船舶模型信息、检验修理记录、测厚记录、历史上

的船舶维护保养记录。同时刻只能有一人在操作计算机,无并发访问,本地数据库是单机单用户数据库。

船员的基本业务需求如下。

1) 查看船级社发布的船舶信息和检验记录以及船员填报的维护保养记录

船员在船载电脑上可以查看船级社总部发布的该船所有的检验修理记录,查看该船舶的维护保养记录,查看历次测厚数据。这些工作都是在有三维模型浏览的环境下进行的,即查看每条记录都可同时查看该记录所关联的三维模型实体在船舶上的具体位置、形状。

2) 对船舶当前状态的分析

可以选定某个舱室,输入淤泥深度计算出淤泥的体积量。

可以选定结构件组来计算其涂层面积。

可以选定结构件组并输入每个构件的修理系数后获得修理量评估 BOM 表,该表包含修理所需的各类型材、板材的钢料量。

3) 初始化保养记录并执行保养任务填写保养记录

船员根据船舶管理公司人员下发的船舶保养规则,初始化船载电脑上的保养记录表。按保养计划执行保养任务并在计算机上填写保养记录。在进行舱室涂层区块检查、甲板涂层区块检查和外板涂层区块检查时可以打印出现场检查用工作单,包含三维模型图片和对应要检查部位的名称和编号,将检查记录现场记录在检查单上,回到计算机上按检查单上的区块名称和编号方便地将检查结果录入系统。

4) 自动接收船公司发来的特殊指令、定期自动提交保养记录

通过船上与陆上的数据链路以电子邮件方式自动接收船舶管理公司发来的特殊指令数据包,系统自动初始化到系统数据表中,由船员执行并填报数据。

类似地,船载电脑可通过电子邮件发送保养记录更新数据包给陆地上船公司,船公司系统自动将保养记录更新到数据库中。

5) 接收船公司发布来的模型光盘更新船载系统的三维模型

船公司按需求将船级社发布的该船的最新三维模型及属性数据包制作成光盘发送到船上,或通过移动介质复制到船上,由船员将新模型手动更新到船载系统内。当然,如果船载系统的数据链路带宽容许,也可通过邮件方式或点对点传输方式将模型数据包发送到船上。

5.1.6　船级社决策层业务总体需求

船级社决策层使用系统的地点及方式基本上和船级社管理人员相同,可以实现的信息查看、模型浏览功能也相类似,所不同的几点如下。

(1) 不必需对船舶相关信息记录的填写和修改权限。

(2) 不必需在三维模型上做剖切、标注、测量功能。

（3）可以针对某船某次检验任务填写指导意见和评价。

5.1.7　船公司决策层业务总体需求

船公司决策层人员使用系统的地点及方式基本上和船公司管理人员相同,可以实现的信息查看、模型浏览功能也相类似,所不同的几点如下。

（1）不必需对船舶相关信息记录的填写和修改权限。

（2）不必需在三维模型上做剖切、标注、测量功能。

（3）可以针对某船某船维护保养情况填写指导意见和评价。

5.2　业务功能流程

5.2.1　轻量化模型及原始属性发布和更新流程

轻量化模型及原始属性发布和更新流程如图 5.1 所示。

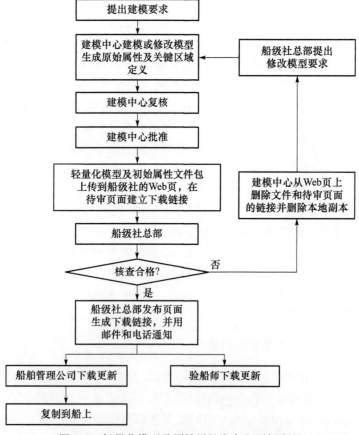

图 5.1　轻量化模型及原始属性发布和更新流程

5.2.2　检验、修理、测厚记录发布和更新流程

检验、修理、测厚记录发布和更新流程如图 5.2 所示。

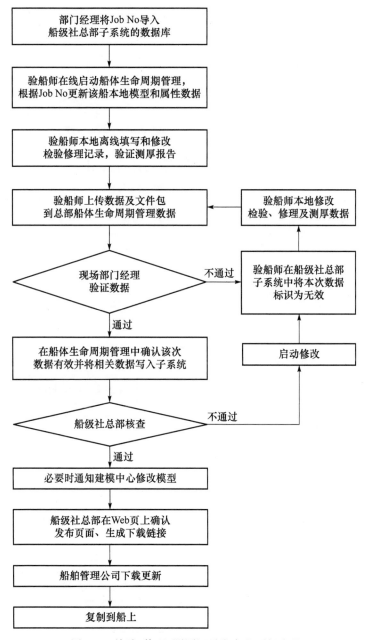

图 5.2　检验、修理、测厚记录发布和更新流程

5.2.3　检验修理任务启动流程

检验修理任务启动流程如图 5.3 所示。

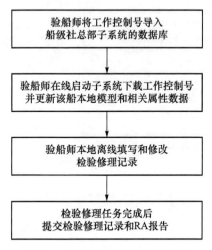

图 5.3　检验修理任务启动流程

5.2.4　测厚任务启动流程

测厚任务启动流程如图 5.4 所示。

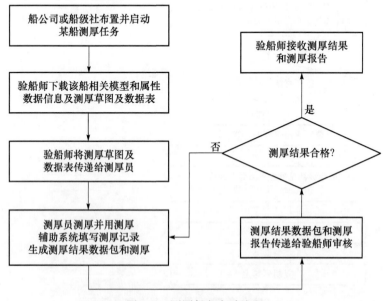

图 5.4　测厚任务启动流程

5.2.5　船舶维修保养计划启动执行流程

船舶维修保养计划启动执行流程如图 5.5 所示。

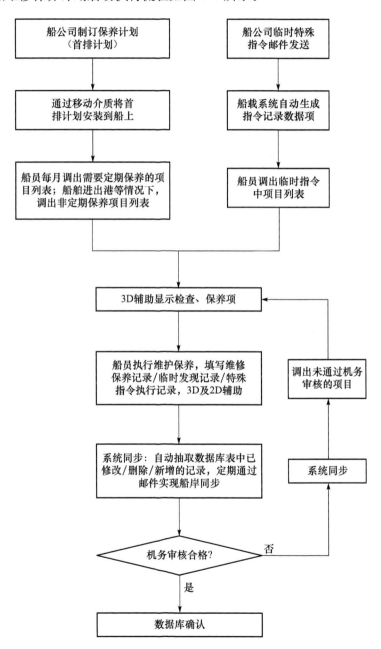

图 5.5　船舶维修保养计划启动执行流程

5.3　系统角色和子系统划分

根据系统业务需求分析,可将用户角色划分为 8 大类,如表 5.1 所示。

表 5.1　船舶生命周期管理系统组成

角色编号	角色名称	定义	工作处所	与本系统的网络连接要求
A	建模与模型修改人员	建模和模型修改及原始属性生成	船级社总部或其他场所	局域高速连接
B	船级社总部人员	审核发布模型 审核验船师填报的记录 发布检验记录给船公司 接收船公司提交的保养记录	船级社总部	高速连接
C	现场验船师	船级社检验单位执行现场检验的验船师	不定 (全球范围内)	间断 VPN 连接
D	船公司机务	执行相应的机务管理职能	船公司	公司内局域网连接到公司数据库 通过高速在线宽带访问船级社 Web 页
E	船员	执行船体结构检查维护保养	船上	卫星通信
F	测厚员	根据船公司委托,测厚公司执行测厚任务的人员	不定	无
V	船级社决策层	船级社决策层人员	船级社总部	局域网高速连接
Y	船公司决策层	船公司决策层人员	船公司	与船公司服务器间局域网高速连接

按照角色划分子系统如图 5.6 所示。

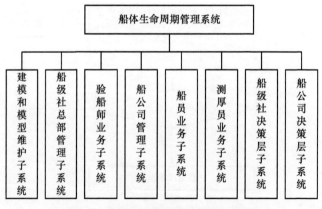

图 5.6　船舶生命周期管理系统组成

5.3.1 系统数据流逻辑需求

图 5.7 为系统数据流逻辑需求。

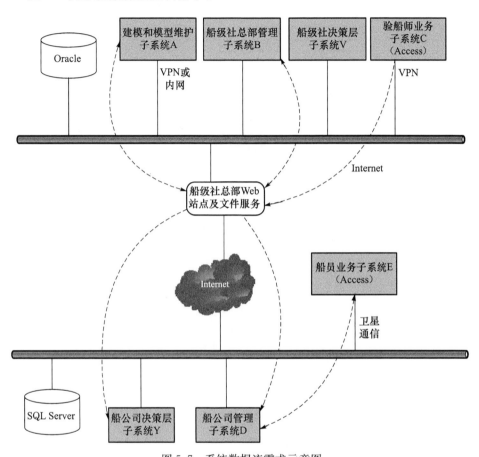

图 5.7 系统数据流需求示意图

5.3.2 系统数据流物理层需求

系统实现数据流动的物理架构中包括以下几种方式。

（1）内部网：假设在公司内部的局域网络，实时在线连接，稳定高速。

（2）VPN 网：虚拟专用网络，在线连接，性能稳定。

（3）间断 VPN 网：虚拟专用网络，定期上线连接，性能稳定。

（4）移动介质：用过人工方式制作、传递移动介质，实现数据传递。

（5）卫通电邮：通过卫星或点对点数据链路收发电子邮件来实现数据传递。

图 5.8 为系统物理架构。

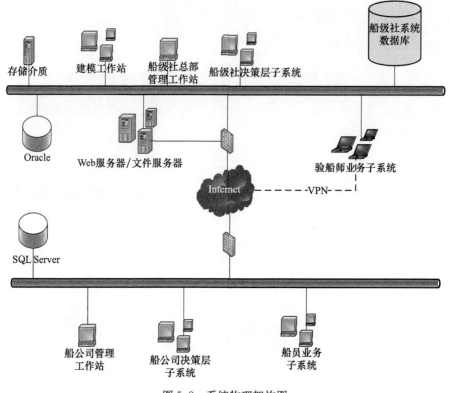

图 5.8　系统物理架构图

5.4　建模和模型维护子系统

5.4.1　任务目标

本子系统是为整个船体生命周期管理软件系统的运行提供三维船体结构模型并执行模型必要的修改功能的子系统。本子系统基于 CATIA 平台二次开发方式来实现。

本子系统主要实现的目标是在船舶完工图纸全部资料信息的基础上,根据船舶结构产品零部件编码规则,建立船体结构的三维模型,将模型发布给相关子系统。在模型使用过程中如果由于船舶修理造成必要的模型修改,由本子系统来执行修改,并重新发布修改后的模型。在模型的维护过程中本子系统负责模型版本的维护管理以及历史模型数据的存档和备份。

5.4.2　需求分析

建模子系统功能需求如表 5.2 所示。

表 5.2　建模子系统功能需求

编号	功能简称	输入(I)	处理(P)	输出(O)
R-A01	曲面建模	船舶标准型值表	曲面生成指令读取数据构造全船曲面	船体曲面模型
R-A02	舱段建模	船体舱段结构图纸信息	建模人员读图纸,交互方式和自动方式结合,建立舱段结构模型	舱段结构模型
R-A03	结构开孔	开孔位置和形状尺寸	在构件模型上执行开孔操作	带开孔的结构模型
R-A04	构件拆分	管理粒度要求	将构件拆分成管理要求的粒度	达到管理粒度要求的构件模型
R-A05	构件编码	构件编码	交互输入和自动生成结构构件ID,编码方式参照船级社要编码要求制定	带ID命名结构模型
R-A06	关键区定义及修改	定义或修改关键区信息	交互输入和自动生成自定义关键区	关键区定义表
R-A07	舱容建模	船舶分舱信息舱容表	读取分舱信息、结合曲面构建三维实体舱室模型	全船舱室实体模型 全船舱容数据库表
R-A08	油漆分区	油漆管理分区信息	将需要根据油漆分区管理的结构构件拆成按分区划分的子构件	按油漆分区粒度区划的构件模型
R-A09	模型检查	图纸资料	浏览查看模型完整性及自定义属性的正确性(包括附图)	检查结论
R-A10	模型修改	修改要求	交互方式修改模型	修改后的模型
R-A11	剖面特性计算	横剖面位置	剖切、计算横剖面处的剖面模数,生成ERS所需数据的XML格式文件	指定位置的横剖面模数
R-A12	模型和初始属性输出	全船的各个舱段的结构模型	装配各个舱段模型形成全船完整结构模型,轻量化转换处理并生成全船结构、舱容、各舱段结构的3D XML文件发布到Web内部页;生成相应的构件初始属性信息数据文件发布到Web内部页	3D XML文件 属性数据表文件 在Web页上的内部下载链接供总部审核
R-A13	测厚草图及数据表生成	测厚要求	自动或半自动生成测厚用草图及草图对应的数据表,并发布到Web内部页	草图和数据表发布到Web页面的下载链接供总部审核
R-A14	生成常用二维草图	该船全部模型和相关位置	剖切处理得到二维工程图	DWG格式文件发布在Web内部页下载链接供总部审核

5.4.3　运行模式

多台建模图形工作站终端,通过局域网络连接,共享服务器上的建模公共配置信息,每个人分别负责一个舱段独立建模,各终端建模期间没有并发操作。分别建模完成后上传到建模组长的工作站上进行装配、检查和输出、发布等,完整船的模型由建模组长负责存档和备份。

本子系统灵活性方面的要求为船体结构建模基础库的扩展能力、建模用知识库的扩展能力。利用CATIA系统的船体结构基础材料库和型材库管理功能,支持对多种船型的建模;可扩展的结构节点知识库,用来不断提高建模效率。

5.4.4 输入输出数据要求

1. 输入数据要求

备齐建模所需图纸资料,包括:总布置图、型线图、基本结构图、船体说明书、涂装区域划分图。

2. 输出数据要求

1)输出轻量化模型要求

建模子系统输出要求如表5.3所示。

表5.3 建模子系统输出要求

序号	模型文件	文件类型	文件命名规则	文件尺寸	每船文件个数	内容要求
1	曲面分舱模型	3D XML	[船名]_SRF_[版本]		1	(1) 全船整体曲面模型 (2) 曲面分块表达各舱室 (3) 舱室命名符合"模型构件名称要求"
2	全船舱室油漆分区实体模型	3D XML	[船名]_IAC_[舱名]_[版本]		舱数	按IACS要求对具体舱室分区,用实体表达,每个分区按"模型构件名称要求"命名
3	舱室油漆船员检查保养模型	3D XML	[船名]_PNT_[舱名]_[版本]			(1) 单舱室包络外表面单元划分模型 (2) 划分粒度按该舱室油漆检查要求 (3) 每个单元唯一命名,命名规则参照"模型构件名称要求"
4	单舱段结构详细模型	3D XML	[船名]_STR_[舱名]_[版本]			(1) 每一构件有一个全局唯一名字,命名规则参照"模型构件名称要求" (2) 人孔、减轻孔表达清楚 (3) 该舱段模型需完整(两舱共用舱壁在每单舱结构模型中都要表现) (4) 修船引起的模型修改,以增量方式表达,不删除原构件 (5) 关键区定义用相关区域中构件的一部分表达,关键区修改也以新增方式表达,不删除原关键区,仅标识状态
5	全船结构详细模型	3D XML	[船名]_STR_ALL_[版本]			(1) 由所有单舱段结构模型装配而成 (2) 无冗余

2）模型构件名称要求

根据构件编码格式，采用结构化的定长度（50 个字符）字符串，26 个大写英文字母和 10 个阿拉伯数字，以及连字符"-"、下划线"_"和圆点"."组成。

3）模型初始属性表

模型属性的数据格式参见附录中编号为 100～116 系列的表单。

5.5　船级社总部管理子系统

5.5.1　任务目标

本子系统用来执行船级社总部对船舶的检验修理记录管理、测厚信息管理以及结构关键区域定义，并负责最新权威信息的审核和发布。利用该子系统，船级社总部管理人员可以实现对船舶结构状态进行查询、统计分析功能。

本子系统是基于 CATIA DM1 平台以二次开发方式来实现的。

5.5.2　需求分析

船级社总部子系统需求分析如表 5.4 所示。

表 5.4　船级社总部子系统需求分析

编号	功能简称	输入（I）	处理（P）	输出（O）
R-B01	模型高级浏览	（1）鼠标操作	（1）轻量化模型整体旋转、缩放、移动、隐藏；所选局部隐藏/显示；查看结构树信息	（1）三维视图
		（2）鼠标操作	（2）测量指定构件或区域的长度和面积	（2）对话框提示结果
		（3）鼠标和键盘操作	（3）模型剖切，通过拖动鼠标指定剖切位置生成剖切视图，可截屏输出	（3）三维视图、图片
		（4）鼠标和键盘操作	（4）实时定制模型显示颜色方案，对所选部分定制颜色	（4）三维视图
		（5）鼠标操作和对话框指令	（5）模型粒度切换，通过对话框和鼠标选择操作实现模型粒度级别切换：全船舱室模型、某舱段结构模型、全船整体结构模型	（5）三维视图
R-B02	管理信息查询	（1）鼠标操作	（1）选定一个或一组构件，查询数据库中其属性和管理信息	（1）屏幕表格形式，可输出到 Excel 表
		（2）键盘操作，输入构件 ID、属性、修理时间等参数	（2）定制组合构件名称、属性、修理时间等查询条件，从数据库中查询出符合条件的数据记录，当选择其中某一条项目时，三维视图上自动高亮相关的零件实体	（2）屏幕表格形式，可输出到 Excel 表，显示相应三维视图
		（3）鼠标和键盘操作	（3）从数据库查询当前模型中的关键区域信息；从当前模型上关键区标识符查询该关键区域的详细信息	（3）屏幕表格形式，可输出到 Excel 表，显示相应三维视图

编号	功能简称	输入(I)	处理(P)	输出(O)
R-B02	管理信息查询	(4) 鼠标和键盘操作,输入时间点 (5) 鼠标和键盘操作 (6) 鼠标和键盘操作 (7) 鼠标和键盘操作	(4) 查看当前模型在指定时间点的测厚数据和腐蚀云图,可根据腐蚀程度定制显示的颜色方案,最多16级别 (5) 查询当前模型中舱室分区船级社涂层状态记录 (6) 查询当前模型的检验记录、损坏和修理记录 (7) 统计当前船体结构测厚结果和损坏而未修理记录,根据综合评价标准给出评价结论(优、良、中、差)	(4) 三维视图,可截屏输出 (5) 屏幕表格形式,可输出到Excel表,显示相应三维视图 (6) 屏幕表格形式,可输出到Excel表,显示相应三维视图 (7) 屏幕表格形式,可输出到Excel表
R-B03	关键区管理和标注	(1) 鼠标和键盘操作,输入关键区类型、说明文字、附带照片或图片 (2) 鼠标和键盘操作	(1) 选定零件集合(通过三维视图上的多选或基于构件查询结果数据条目选择后对照三维视图来选定)来定义新增关键区域定义条目 (2) 删除或修改原有关键区域条目,删除或修改的关键区原来条目的记录将作为历史保留,标记为失效	存到网络数据库(照片等大尺寸附件存放在单独表空间)
R-B04	舱容估算	鼠标和键盘操作,选择舱室后并输入液面深度	通过查询数据库中的舱容曲线插值计算出正浮状态下舱容	对话框提示舱容
R-B05	涂装面积估算	鼠标和键盘操作	通过在三维视图或组合查询表上选择参与计算的构件,自动计算这些构件的涂装面积(表面积)	对话框提示涂装面积
R-B06	修理量估算	鼠标和键盘操作	通过在三维视图或组合查询表上选择需要修理的构件(部分修理的可以输入修理系数),计算出材料清单(含类型、钢料重量等)	屏幕表格形式的BOM表,可输出到Excel表
R-B07	模型发布	登录Web内部页下载最新模型到本地临时保存、下载初始属性表	临时本地保存新轻量化模型,并把初始属性表导入网络数据库且标记为临时数据;新新模型和初始数据测试通过后标记为生效,并在Web内部页上确认模型和初始属性生效;测试不通过则删除本地模型文件并删除数据库中的临时数据	测试通过则在Web外部页上发布模型和初始属性的更新下载链接并自动给相关子系统用户自动发送邮件
R-B08	管理属性更新发布和确认	(1) 更新日期(当前日)年月日 (2) 下载验船师上传的检验修理及测厚记录	(1) 系统搜寻自上次更新以来所有新的关键区相关记录,并压缩打包,发布到外部网页上供下载 (2) 下载验船师上传到Web内部页上的数据,导入网络数据库标记为临时,经审核通过后,确认生效,并自动将Web页上的部分数据链接发布到外部页上	外部网页上的更新下载链接 自动发送邮件通知相关子系统的用户

编号	功能简称	输入(I)	处理(P)	输出(O)
R-B09	发布测厚草图及其他二维图	下载测厚草图及测厚数据审核 下载其他二维草图审核	对下载的文件审核通过后,系统自动将 Web 内部页的下载链接对外发布	对外发布的 Web 页上的下载链接 自动发送邮件通知相关子系统的用户
R-B10	与船舶检验系统数据交换	船名	通过数据库连接从船舶检验系统获取数据(船型要素、船东等信息),并供给必要信息	完成数据交换

5.5.3　运行模式

允许多个终端在线访问网络数据库(属性和管理数据),每个终端各自下载并存储最新生效的船舶三维模型 3D XML 文件。网络数据库上一条船的数据允许多个终端(每个终端 1 个进程)同时在线只读操作,但同时仅允许 1 个终端(1 个进程)进行数据新增、修改、审核、发布操作。

5.5.4　输入输出数据要求

1. 输入数据要求

对检验记录的确认,各类备注文字信息。

2. 输出数据要求

参见附录中的格式要求。

5.6　验船师业务子系统

5.6.1　任务目标

本子系统由现场验船师使用来完成检验修理记录填报、测厚数据填报以及报告生成,并可以用来查询统计船舶结构当前状态。

本子系统是基于 Windows 平台开发实现的。

5.6.2　需求分析

验船师子系统需求分析如表 5.5 所示。

表 5.5　验船师子系统需求分析

编号	功能简称	输入(I)	处理(P)	输出(O)
R-C01	模型简单浏览	鼠标和键盘操作	模型的放缩、旋转、移动;部分隐藏/显示;查看结构树	三维视图
R-C02	管理信息查询	(1) 鼠标操作 (2) 键盘操作,输入构件 ID、属性、修理时间等参数 (3) 鼠标和键盘操作 (4) 鼠标和键盘操作,输入时间点 (5) 鼠标和键盘操作 (6) 鼠标和键盘操作	(1) 选定一个或一组构件,查询数据库中其属性和管理信息 (2) 定制组合了构件名称、属性和修理时间等条件的查询条件,从数据库中查询出符合条件的数据记录,当选择其中某一条项目时,三维视图上自动高亮相关的零件实体 (3) 从数据库查询当前模型中的关键区域信息;从当前模型上关键区标识符查询该关键区域的详细信息 (4) 查看当前模型在指定时间点的测厚数据;定制颜色方案后执行生成测厚云图指令并给定临时测厚云图模型文件名,重新加载该测厚云图模型可观察测厚云图 (5) 查询当前模型中舱室分区船级社涂层状态记录 (6) 查询当前模型的检验记录、损坏和修理记录	(1) 屏幕表格形式,可输出到 Excel 表 (2) 屏幕表格形式,可输出到 Excel 表,显示相应三维视图 (3) 屏幕表格形式,可输出到 Excel 表,显示相应三维视图 (4) 测厚结果表,可输出到 Excel,显示相应三维测厚云图视图 (5) 屏幕表格形式,可输出到 Excel 表,显示相应三维视图 (6) 屏幕表格形式,可输出到 Excel 表,显示相应三维视图
R-C03	填报测厚数据	导入测厚公司提交的测厚数据表	将测厚数据导入本地数据库标记为临时;与历史数据比较检查本次测厚结果	提交到本地数据库中并标记为临时
R-C04	船级社涂层状态填报	鼠标和键盘操作	查询并选择检查过的涂层区域 填报船级社对其状态的评价	提交到本地数据库中并标记为临时
R-C05	损坏修理记录	鼠标和键盘操作,选择损坏或修理类型标识,输入文字说明及日期	提交损坏修理记录到本地数据库中并标识为临时 自动生成 RA 报告	本地数据库更新 新的 RA 报告
R-C06	更新3D模型	接入互联网下载模型文件或移动介质复制到本机	验船师接收到船级社总部关于模型更新的通知后,主动更新本地的模型文件	新模型文件
R-C07	数据同步与更新	接入互联网 启动数据同步	初始属性(只读同步) 关键区定义(只读同步) 船级社涂层记录(同步) 损坏修理记录(同步) 测厚数据(同步) 将 RA 报告文件附加到船级社子系统数据库中 将损坏、修理信息相应写入船级社子系统数据库	本地数据库和总部数据库同步,并将必要信息写入船级社子系统

编号	功能简称	输入(I)	处理(P)	输出(O)
R-C08	下载测厚草图	下载测厚草图	从 Web 页上下载船级社总部发布的测厚草图及数据包(给测厚员)	测厚草图和数据包
R-C09	涂装面积估算	鼠标和键盘操作	通过在三维视图或组合查询表上选择参与计算的构件,自动计算这些构件的涂装面积(表面积)	对话框提示涂装面积
R-C10	输出 CAP、CAS 评估结果	鼠标操作	根据测厚结果生成 CAP、CAS 评估结果报告	CAP、CAS 评估报告
R-C11	获取工作代号	登录总部 Web 页下载工作控制号	登录网页下载工号文件	获得工号控制号信息

5.6.3　运行模式

单机单用户使用,开始或完成一次检验任务时需要接入船级社总部的 VPN 更新并上传检验记录数据包。

5.6.4　输入输出数据要求

1. 输入数据要求

检验修理记录文字和数字。

2. 输出数据要求

参见附录中的格式要求。

5.7　船公司管理子系统

5.7.1　任务目标

本子系统用于船舶管理公司对其下属营运船舶执行维护保养体系的软件系统。可以用来及时从船级社获得该船的结构状态信息,从船上系统获得维护保养记录信息、临时发现信息等,并可指定维护保养计划,估算舱容和涂装面积,以及对船舶结构状态进行评估,对定制的修理计划的修理量进行估算。

本子系统是基于 CATIA DM1 平台以二次开发方式来实现的。

5.7.2　需求分析

船公司管理子系统需求分析如表 5.6 所示。

表 5.6　船公司管理子系统需求分析

编号	功能简称	输入(I)	处理(P)	输出(O)
R-D01	模型高级浏览	(1) 鼠标操作	(1) 模型整体旋转、缩放、移动、隐藏;所选局部隐藏/显示;查看结构树信息	(1) 三维视图
		(2) 鼠标操作	(2) 测量指定构件或区域的长度和面积	(2) 对话框提示结果
		(3) 鼠标和键盘操作	(3) 模型剖切,通过拖动鼠标指定剖切位置生成剖切视图,可截屏输出或 DWG 输出	(3) 三维视图、图片
		(4) 鼠标和键盘操作	(4) 实时定制模型显示颜色方案,对所选部分定制颜色	(4) 三维视图
		(5) 鼠标操作和对话框指令	(5) 模型粒度切换,通过对话框和鼠标选择操作实现模型粒度级别切换:全船舱室模型、某舱段结构模型、全船整体结构模型	(5) 三维视图
R-D02	管理信息查询	(1) 鼠标操作	(1) 选定一个或一组构件,查询数据库中其属性和管理信息	(1) 屏幕表格形式,可输出到 Excel 表
		(2) 键盘操作,输入构件 ID、属性、修理时间等参数	(2) 定制组合了构件名称、属性、修理时间等条件的查询条件,从数据库中查询出符合条件的数据记录,当选择其中某一条项目时,三维视图上自动高亮相关的零件实体	(2) 屏幕表格形式,可输出到 Excel 表,显示相应三维视图
		(3) 鼠标和键盘操作	(3) 从数据库查询当前模型中的关键区域信息;从当前模型上关键区标识符查询该关键区域的详细信息	(3) 屏幕表格形式,可输出到 Excel 表,显示相应三维视图
		(4) 鼠标和键盘操作,输入时间点	(4) 查看当前模型在指定时间点的测厚数据和腐蚀云图,可根据腐蚀程度定制显示的颜色方案,最多16 级别	(4) 三维视图,可截屏输出
		(5) 鼠标和键盘操作	(5) 查询当前模型中舱室分区船级社涂层状态记录	(5) 屏幕表格形式,可输出到 Excel 表,显示相应三维视图
		(6) 鼠标和键盘操作	(6) 查询当前模型的检验记录、损坏和修理记录	(6) 屏幕表格形式,可输出到 Excel 表,显示相应三维视图
		(7) 鼠标和键盘操作	(7) 统计当前船体结构测厚结果和损坏而未修理记录,根据综合评价标准给出评价结论(优、良、中、差),而不进行强度分析	(7) 屏幕表格形式,可输出到 Excel 表
		(8) 鼠标和键盘操作	(8) 查询保养记录	(8) 屏幕表格形式,可输出到 Excel 表
		(9) 鼠标和键盘操作	(9) 查询船员涂层记录	(9) 屏幕表格形式,可输出到 Excel 表
		(10) 鼠标和键盘操作	(10) 查询特殊指令执行记录	(10) 屏幕表格形式,可输出到 Excel 表
R-D03	泥量估算	鼠标操作,选择舱室后并输入液面深度	通过查询数据库中的舱容曲线插值计算出正浮状态下舱容	对话框提示舱室容积

续表

编号	功能简称	输入（I）	处理（P）	输出（O）
R-D04	涂装面积估算	鼠标和键盘操作	通过在三维视图或组合查询表上选择参与计算的构件，自动计算这些构件的涂装面积（表面积）	对话框提示涂装面积
R-D05	修理量估算	鼠标和键盘操作	通过在三维视图或组合查询表上选择需要修理的构件（部分修理的可以输入修理系数），计算出材料清单（含类型、钢料重量等）	屏幕表格形式的 BOM 表，可输出到 Excel 表
R-D06	生成 ESP 船东自查报告	鼠标操作	自动生成 ESP 要求的船东自查报告	ESP 报告 PDF 文档
R-D07	生成修理计划	鼠标操作	基于修理构件选择，生成修理计划文件（带修理量估算）	修理计划 PDF 文件
R-D08	下达保养计划	鼠标和键盘操作	审查并修改船上提交的电子保养计划表，在此基础上下达保养计划	保养计划文件
R-D09	模型更新	网页下载最新模型文件操作	船公司接收到邮件通知后，自主下载新版轻量化模型并存储到本地	新模型文件
R-D10	船公司数据库与船级社总部数据库交换数据	XML 数据文件包	通过下载模型文件中的相关属性 XML 数据文件，更船公司数据库	数据库更新
R-D11	接收维护保养记录压缩包	移动介质上的压缩文件包复制到本地	保养记录更新表船员涂层记录更新表临时发现、修理更新表特殊指令执行记录更新表	更新了维护保养状态的数据库
R-D12	下发管理信息	指定日期区段的船级社的检验记录信息发布到船上	船级社涂层记录检验修理记录测厚结果维护保养审核意见	更新文件包，通过电子邮件发送给船上系统
R-D13	生成二维草图	从模型中剖切得到二维草图	从模型中剖切获得二维草图	草图文件，发布到船公司文件服务器上

5.7.3　运行模式

　　允许多个终端在线访问网络数据库（属性和管理数据），每个终端各自下载并存储最新生效的船舶三维模型 3D XML 文件。企业内部网络共享数据库上一条船的数据允许多个终端（每个终端 1 个进程）同时在线只读操作，但同一时刻仅允许 1 个终端（1 个进程）进行数据新增、修改、审核、发布操作。

5.7.4 输入输出数据要求

1. 输入数据要求

维护保养记录文字和数字。

2. 输出数据要求

参见附录中的格式要求。

5.8 船员业务子系统

5.8.1 任务目标

本子系统运行在接受船体生命周期管理的船载计算机上,由船员使用。该系统辅助船员了解学习本船结构细节,按维修保养体系来填写维修保养记录。同时可以接收陆上船公司发布来的关于本船的最新模型数据、测厚结果数据、关键区域定义数据等,进而实现对船舶当前结构状态的查询和统计;并可用来估算涂装面积、淤泥量。船员通过本子系统填写的维护保养数据可以打包提交给船公司,使公司及时了解船舶的维护保养状态。船员也可以通过本子系统编制维护保养计划草案,提交给船公司审核,船公司审核修改并下达保养计划返回到本子系统后启动执行该保养计划。

本子系统是基于 Windows 平台开发实现的。

5.8.2 需求分析

船员子系统需求分析如表 5.7 所示。

表 5.7 船员子系统需求分析

编号	功能简称	输入(I)	处理(P)	输出(O)
R-E01	模型简单浏览	鼠标和键盘操作	模型的放缩、旋转、移动;部分隐藏/显示;查看结构树	三维视图
R-E02	管理信息查询	(1) 鼠标操作 (2) 键盘操作,输入构件 ID、属性、修理时间等参数	(1) 选定一个或一组构件,查询数据库中其属性和管理信息 (2) 定制组合了构件名称、属性、修理时间等条件的查询条件,从数据库中查询出符合条件的数据记录,当选择其中某一条项目时,三维视图上自动高亮相关的零件实体	(1) 屏幕表格形式,可输出到 Excel 表 (2) 屏幕表格形式,可输出到 Excel 表,显示相应三维视图

续表

编号	功能简称	输入(I)	处理(P)	输出(O)
R-E02	管理信息查询	(3) 鼠标和键盘操作	(3) 从数据库查询当前模型中的关键区域信息;从当前模型上关键区标识符查询该关键区域的详细信息	(3) 屏幕表格形式,可输出到 Excel 表,显示相应三维视图
		(4) 鼠标和键盘操作,输入时间点	(4) 查看当前模型在指定时间点的测厚数据;定制颜色方案后执行生成测厚云图指令并给定临时测厚云图模型文件名,重新加载该测厚云图模型可观察测厚云图	(4) 测厚结果表,可输出到 Excel 表,显示相应三维测厚云图视图
		(5) 鼠标和键盘操作	(5) 查询当前模型中舱室分区船级社涂层状态记录或船员涂层状态记录	(5) 屏幕表格形式,可输出到 Excel 表,显示相应三维视图
		(6) 鼠标和键盘操作	(6) 查询当前模型的检验记录、损坏和修理记录	(6) 屏幕表格形式,可输出到 Excel 表,显示相应三维视图
		(7) 鼠标和键盘操作	(7) 查询维护保养记录和特殊指令执行记录	(7) 屏幕表格形式,可输出到 Excel 表
R-E03	维护保养记录填写	日常检查维护保养情况临时发现	提交维护保养数据到本地数据库中	提交到本地数据库中
R-E04	特殊指令记录	特殊指令来源指令类型指令内容执行情况	填写特殊指令执行记录到数据库中	提交到本地数据库中
R-E05	保养实例生成	根据模板定制保养计划实例表格	生成保养计划表	保养计划实例存储在数据库中
R-E06	更新 3D 模型和模型初始属性表	通过电子邮件或移动介质复制到本机	更新本地的模型文件更新本地数据库中模型初始属性	新模型文件模型初始属性库更新
R-E07	管理信息更新	从船公司获得船舶管理信息更新数据包	关键区定义更新船级社涂层记录更新损坏修理记录更新测厚数据更新	更新船上数据库
R-E08	接受保养计划	获得船公司下达保养计划文件	将保养计划导入本地数据库中,并启动执行该保养计划	新的保养计划实例生效
R-E09	提交维修保养记录	鼠标操作	从数据库中抽取需要提交的最新维护保养记录打包	提交用的文件包

5.8.3 运行模式

单机单用户使用,移动介质或电子邮件传递文件。

5.8.4　输入输出数据要求

1. 输入数据要求

维护保养记录文字和数字。

2. 输出数据要求

参见附录中的格式要求。

5.9　测厚员业务子系统

5.9.1　任务目标

本子系统运行在测厚员个人计算机上,由测厚员使用。该系统通过接受验船师复制来的测厚任务数据包(含测厚草图和相关数据表)来辅助测厚员打印测厚草图,填写测厚数据,并对测厚结果做检查和错误报警;并可接受测厚员增加测厚草图,自动生成测厚结果数据表和测厚报告。

本子系统是基于 Windows 平台开发实现的。

5.9.2　需求分析

测厚员子系统需求分析如表 5.8 所示。

表 5.8　测厚员子系统需求分析

编号	功能简称	输入(I)	处理(P)	输出(O)
R-F01	测厚草图编辑输出	测厚草图及数据	编辑测厚草图 打印测厚草图	测厚草图打印版
R-F02	定制测厚数据表	鼠标操作	增、删测厚点个数	屏幕表格形式
R-F03	测厚结果填写	测厚结果数据	参照电子草图,按构件填写测厚数据(填写错误有报警),自动计算均值 填写某构件时图形会高亮提示 点击图形元素,对应数据表项获得输入焦点	提交到本地数据库中的测厚数据
R-F04	生成测厚结果	鼠标操作	生成测厚数据包和测厚报告	测厚数据包和测厚报告

5.9.3　运行模式

单机单用户使用,无网络连接。

5.9.4　输入输出数据要求

1. 输入数据要求

测厚记录文字和数字。

2. 输出数据要求

符合行业习惯的测厚数据文件。

5.10　船级社决策层子系统

5.10.1　任务目标

本子系统运行在决策人员的计算机上。决策人员使用该系统实施三维可视化查看某船的当前结构状态,检验修理任务执行情况等信息。

本子系统是基于 Windows 平台开发实现的。

5.10.2　需求分析

船级社决策子系统需求分析如表 5.9 所示。

表 5.9　船级社决策子系统需求分析

编号	功能简称	输入(I)	处理(P)	输出(O)
R-V01	模型简单浏览	鼠标和键盘操作	模型的放缩、旋转、移动;部分隐藏/显示;查看结构树	三维视图
R-V02	管理信息查询	(1) 鼠标操作 (2) 键盘操作,输入构件 ID、属性、修理时间等参数 (3) 鼠标和键盘操作 (4) 鼠标和键盘操作,输入时间点	(1) 选定一个或一组构件,查询数据库中其属性和管理信息 (2) 定制组合了构件名称、属性、修理时间等条件的查询条件,从数据库中查询出符合条件的数据记录,当选择其中某一条项目时,三维视图上自动高亮相关的零件实体 (3) 从数据库查询当前模型中的关键区域信息;从当前模型上关键区标识符查询该关键区域的详细信息 (4) 查看当前模型在指定时间点的测厚数据;定制颜色方案后执行生成测厚云图指令并给定临时测厚云图模型文件名,重新加载该测厚云图模型可观察测厚云图	(1) 屏幕表格形式,可输出到 Excel 表 (2) 屏幕表格形式,可输出到 Excel 表,显示相应三维视图 (3) 屏幕表格形式,可输出到 Excel 表,显示相应三维视图 (4) 测厚结果表,可输出到 Excel 表,显示相应三维测厚云图视图

续表

编号	功能简称	输入(I)	处理(P)	输出(O)
R-V02	管理信息查询	(5) 鼠标和键盘操作 (6) 鼠标和键盘操作	(5) 查询当前模型中舱室分区船级社涂层状态记录 (6) 查询当前模型的检验记录、损坏和修理记录	(5) 屏幕表格形式,可输出到 Excel 表,显示相应三维视图 (6) 屏幕表格形式,可输出到 Excel 表,显示相应三维视图
R-V03	更新模型	下载模型	替换旧模型	模型更新
R-V04	管理指令	键盘操作 文字输入	输入指导意见 输入管理指令	生成

5.10.3　运行模式

单机单用户使用,定期接入 Internet 下载更新并上传数据包。

5.11　船公司决策层子系统

5.11.1　任务目标

本子系统运行在船公司决策人员的计算机上。决策人员使用该系统实施三维可视化查看某船的当前结构状态,检验修理情况、维护保养执行情况等信息。

5.11.2　需求分析

船公司决策层子系统需求分析如表 5.10 所示。

表 5.10　船公司决策层子系统需求分析

编号	功能简称	输入(I)	处理(P)	输出(O)
R-Y01	模型简单浏览	鼠标和键盘操作	模型的放缩、旋转、移动;部分隐藏/显示;查看结构树	三维视图
R-Y02	管理信息查询	(1) 鼠标操作 (2) 键盘操作,输入构件 ID、属性、修理时间等参数 (3) 鼠标和键盘操作	(1) 选定一个或一组构件,查询数据库中其属性和管理信息 (2) 定制组合了构件名称、属性、修理时间等条件的查询条件,从数据库中查询出符合条件的数据记录,当选择其中某一条项目时,三维视图上自动高亮相关的零件实体 (3) 从数据库查询当前模型中的关键区域信息;从当前模型上关键区标识符查询该关键区域的详细信息	(1) 屏幕表格形式,可输出到 Excel 表 (2) 屏幕表格形式,可输出到 Excel 表,显示相应三维视图 (3) 屏幕表格形式,可输出到 Excel 表,显示相应三维视图

续表

编号	功能简称	输入(I)	处理(P)	输出(O)
R-Y02	管理信息查询	（4）鼠标和键盘操作，输入时间点	（4）查看当前模型在指定时间点的测厚数据；定制颜色方案后执行生成测厚云图指令并给定临时测厚云图模型文件名，重新加载该测厚云图模型可观察测厚云图	（4）测厚结果表，可输出到 Excel 表，显示相应三维测厚云图视图
		（5）鼠标和键盘操作	（5）查询当前模型中舱室分区船级社涂层状态记录或船员涂层状态记录	（5）屏幕表格形式，可输出到 Excel 表，显示相应三维视图
		（6）鼠标和键盘操作	（6）查询当前模型的检验记录、损坏和修理记录	（6）屏幕表格形式，可输出到 Excel 表，显示相应三维视图
		（7）鼠标和键盘操作	（7）查询维护保养记录和特殊指令执行记录	（7）屏幕表格形式，可输出到 Excel 表
R-Y03	更新 3D 模型	鼠标操作	下载并更新本地的三维模型	模型更新
R-Y04	发布管理指令	键盘操作 文字输入	输入指导性意见 输入管理指令	管理指令记录更新

5.11.3　运行模式

多用户并发，在线接入内部网络。

5.12　本 章 小 结

本章在船体生命周期管理框架的基础上，进一步明确了各用户的功能需求，从总体业务目标、业务流程、用户特点等方面对船体生命周期管理系统的总体设计进行了需求分析。

根据系统业务需求分析，将用户角色划分为 8 大类，并以此划分了 8 个子系统，分别讨论了各子系统的功能需求、运行模式、输入输出数据要求。

第6章　原型软件系统开发及工程应用实例

本章通过开发原型系统来验证本书提出的思想。通过需求分析,根据船体生命周期管理系统的基本需求设计系统的数据流、体系结构及功能模块,首先进行三个核心功能的开发:轻量化三维船体模型浏览功能、数据同步处理功能及船体生命周期业务规则管理功能。在核心功能的基础上,开发了船公司管理子系统和移动检验支持系统。船公司管理子系统提供需求制订、设计反馈、建造反馈、维护保养管理及损坏管理等功能,支持船公司对整个生命周期内的船体数据进行查看、编辑、审核、统计等管理操作。移动检验支持系统提供检验任务下载、检验数据上传、智能查错提示、三维模型显示等功能,整合在线和离线两种应用模式,支持检验人员方便、快捷、安全地进行检验工作。

6.1　系统核心功能开发

6.1.1　轻量化三维船体模型浏览

通过鼠标操作或者使用 3D XML Player 菜单栏中功能图标,对模型进行浏览操作,从而达到将模型放大、缩小、旋转、渲染等效果。

1. 鼠标操作

1) 放大模型
按住鼠标中键,再点击鼠标右键(中键不放开),然后将鼠标向上移动即可实现模型的放大。

2) 缩小模型
按住鼠标中键,再点击鼠标右键(中键不放开),然后将鼠标向下移动即可实现模型的缩小。

3) 移动模型
按住鼠标中键进行拖拽,即可将模型移动到需要的位置上。

4) 旋转模型
按住鼠标中键,再按住鼠标右键(中键不放开),然后移动鼠标,即可实现模型的旋转。

2. 3D XML Player 菜单栏中功能

1）放大模型

如图 6.1 所示，点击放大镜图标，然后按住鼠标左键，向上移动，即可实现模型的放大。

图 6.1　放大模型操作

2）缩小模型

如图 6.2 所示，点击放大镜图标，然后按住鼠标左键，向下移动，即可实现模型的缩小。

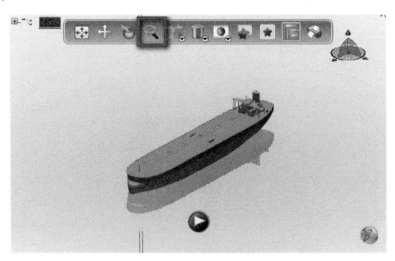

图 6.2　缩小模型操作

3）移动模型

如图 6.3 所示，点击移动图标，然后按住鼠标左键移动，即可实现模型的移动。

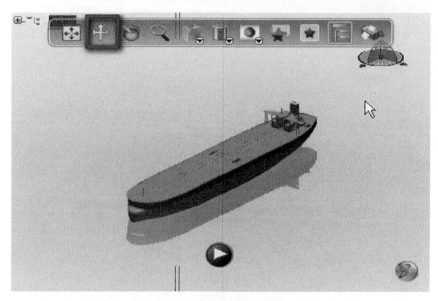

图 6.3　移动模型操作

4）旋转模型

如图 6.4 所示，点击旋转图标，按住鼠标左键进行拖拽，即可实现模型的旋转。

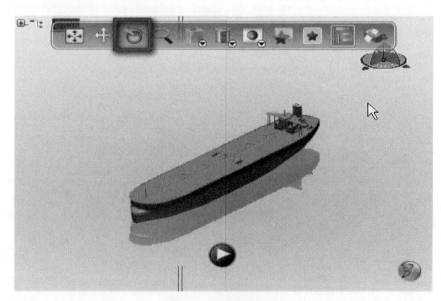

图 6.4　旋转模型操作

5）显示/隐藏模型结构树

如图 6.5 所示,点击结构树图标,即可隐藏结构树,再次点击,即可显示结构树。

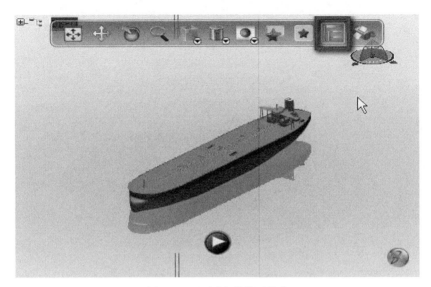

图 6.5　显示/隐藏模型操作

6）全屏显示

点击全屏模型图标,即可将 3D XML 模型充满窗体,如图 6.6 和图 6.7 所示。

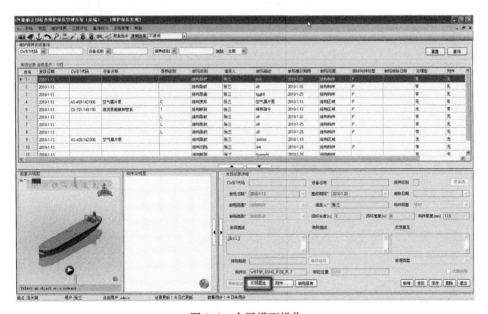

图 6.6　全屏模型操作

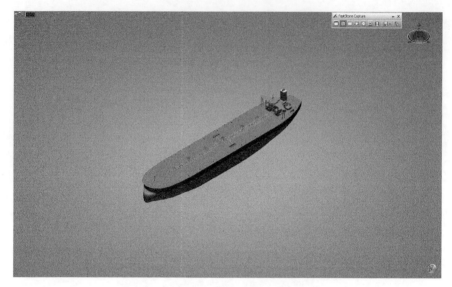

图 6.7　模型全屏显示

7）选择视角

如图 6.8 所示，点击视角选择图标中的下拉箭头，即可调整观察者的视角。

图 6.8　选择视角操作

8）选择渲染方式

如图 6.9 所示，点击渲染图标中的下拉箭头，即可选择渲染方式。

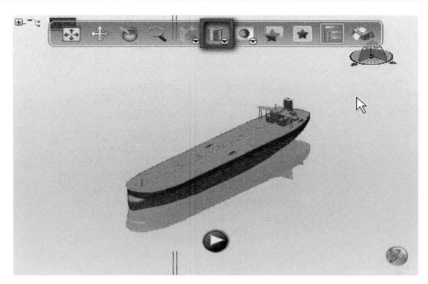

图 6.9　选择渲染方式

9）选择背景

如图 6.10 所示，点击背景图标中的下拉箭头，即可选择背景模式。

图 6.10　选择背景操作

10）隐藏选中的构件

如图 6.11 所示，先用鼠标左键选择要隐藏的构件，点击显示/隐藏构件图标中的下拉箭头，即可隐藏选中的构件。

图 6.11　隐藏构件操作

11）仅显示选中的构件

如图 6.12 所示,点击图中想要选择的构件,则单个构件的模型在右侧视图中单独显示。

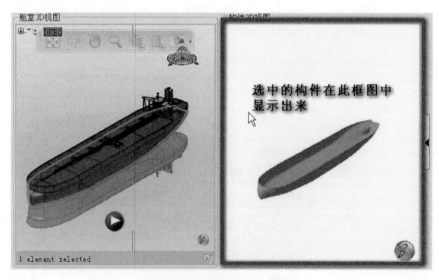

图 6.12　仅显示选中构件操作

6.1.2　数据同步处理

船公司管理子系统中,船端与岸端通过卫星连线,以邮件自动传输的方式进行数据同步,以实现船岸之间的数据共享、信息互通。数据同步是船舶营运过程中维护保养数据的下达、调整、填报、审批,以及相关船舶基本参数的记录、计算、工作单生成等工作的技术基础,是船公司及时掌控船舶营运及保养状态的必要保障。数据同步依托于船体生命周期管理系统架构,其中船端为独立程序,访问船上独立数据库;岸端为多用户并发程序,访问船公司数据库服务器。图 6.13 为船岸数据同步示意图。

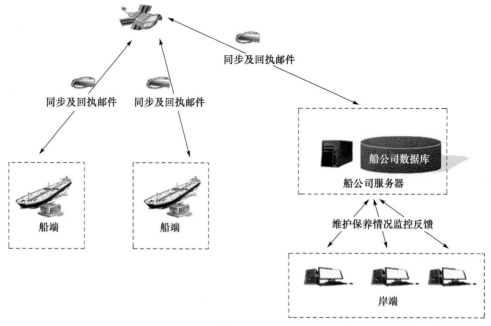

图 6.13　数据同步处理过程示意

　　无论在岸端还是船端,数据同步均为独立进程,与船体生命周期管理主程序采用进程通信的方式进行触发,并可与主程序同时运行。

　　船岸数据同步从整体上可分为接收及发送两个处理过程,两端均通过访问指定邮件服务器,自动接收和发送同步数据。同步数据载体为 XML 格式文档,并压缩为 RAR 文件,该文件以电子邮件附件的形式进行传输。并且,船岸两端具有不同的数据流向。

　　数据同步时某端接收文件过程如图 6.14 所示,接收过程可分为以下几个步骤。

　　(1) 同步文件下载。数据同步接收的文件类型有两种:同步文件和同步文件回执。接收过程中,程序自动遍历指定的同步邮箱,并以每封邮件附件为单位,在客户端本地下载成功以后,将该封邮件从邮箱内删除。下载完毕后,用两个队列分别存储同步文件和同步文件回执。

　　(2) 同步文件处理。数据同步日志记录了数据同步文件的对应状态,在接收

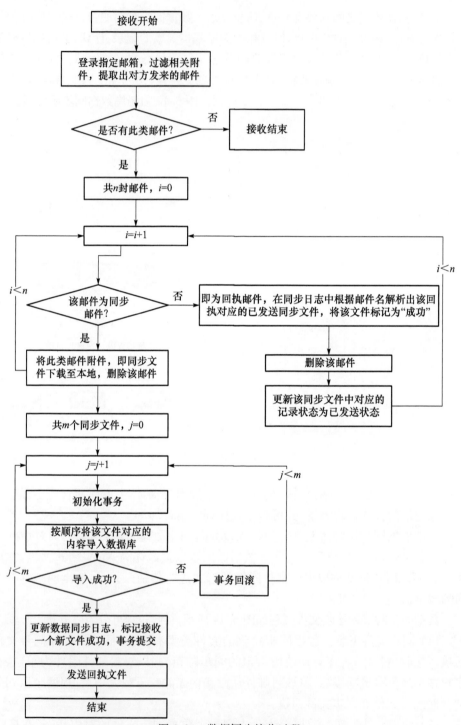

图 6.14　数据同步接收过程

时,无论哪种文件正在接收中,都需要对数据同步日志进行修改。在文件处理时,首先将回执队列的内容依次进行读取,在同步日志中标识这些回执对应的本地同步文件为"发送成功"。然后,处理同步文件队列,将其内容依次导入数据库,导入成功后在数据同步日志中将其状态标记为"接收成功"。同步文件处理过程中,每个文件对应一个事务,错误发生时,可将该文件对数据库的修改进行回滚。

(3) 发送回执。同步文件处理后,程序对同步发送目录进行遍历,提取出标记本次接收成功但还未回执的文件,为这些文件一一发送对应的回执至指定邮箱。

数据同步时某端发送文件过程如图 6.15 所示,发送过程可分为以下几个步骤。

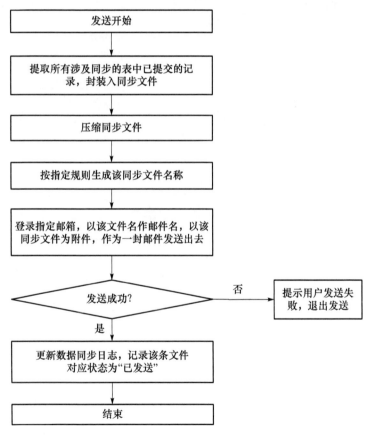

图 6.15　数据同步发送过程

(1) 同步数据提取。数据同步进行发送时,程序自动检索参与同步的表中的记录状态,将需同步的记录提取出来。同时,在数据库中对这些记录进行锁定,即标识其为唯一属于一个同步文件的数据,以避免多次发送的情况出现。

(2) 同步文件生成。同步数据提取后,以 XML 格式进行封装,并将其自动压缩为 RAR 文件。

（3）邮件发送。将生成的同步文件以附件的形式封装到电子邮件中,由程序控制邮箱进行登录并自动发送。发送成功后,在同步日志中将该文件对应状态标记为"等待回执"。

基于系统工作流程及其架构,数据同步中船岸两端涉及的表及其数据流向如图 6.16 所示。

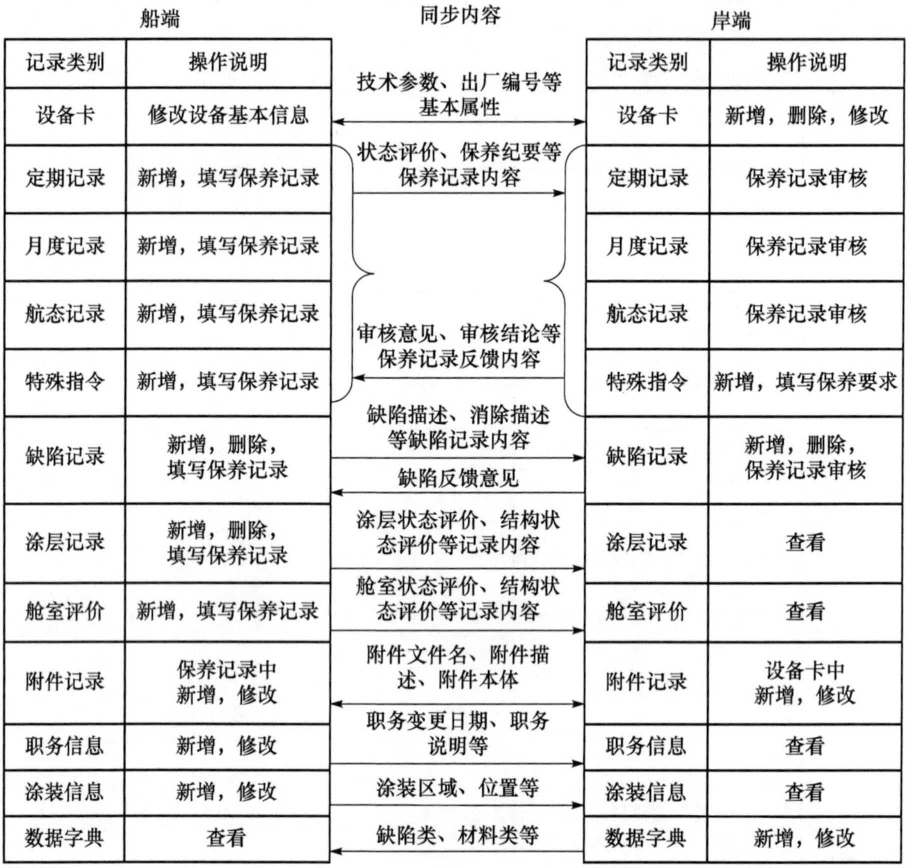

船端		同步内容	岸端	
记录类别	操作说明		记录类别	操作说明
设备卡	修改设备基本信息	技术参数、出厂编号等基本属性	设备卡	新增,删除,修改
定期记录	新增,填写保养记录	状态评价、保养纪要等保养记录内容	定期记录	保养记录审核
月度记录	新增,填写保养记录		月度记录	保养记录审核
航态记录	新增,填写保养记录	审核意见、审核结论等保养记录反馈内容	航态记录	保养记录审核
特殊指令	新增,填写保养记录		特殊指令	新增,填写保养要求
缺陷记录	新增,删除,填写保养记录	缺陷描述、消除描述等缺陷记录内容 / 缺陷反馈意见	缺陷记录	新增,删除,保养记录审核
涂层记录	新增,删除,填写保养记录	涂层状态评价、结构状态评价等记录内容	涂层记录	查看
舱室评价	新增,填写保养记录	舱室状态评价、结构状态评价等记录内容	舱室评价	查看
附件记录	保养记录中新增,修改	附件文件名、附件描述、附件本体	附件记录	设备卡中新增,修改
职务信息	新增,修改	职务变更日期、职务说明等	职务信息	查看
涂装信息	新增,修改	涂装区域、位置等	涂装信息	查看
数据字典	查看	缺陷类、材料类等	数据字典	新增,修改

图 6.16　同步数据流向

在同步数据中,设备卡为船岸两端共用内容,两端均可修改后同步;定期、月度、航态、特殊指令等保养记录均由岸端制定规则后,在船端生成,进行填写;缺陷记录为对于维护保养过程中发现的损坏情况的描述,与保养记录同步模式相同;涂层记录、舱室评价、职务信息、涂装信息等均由船端填写,单向同步至岸端;数据字典由岸端进行新增和修改,在船端仅允许查看。参与数据同步的字典内容如图 6.17 所示。

此外,对于其他不宜通过邮件传输,较大的附件文件、船端数据库灾难恢复文件、模型文件等,两端可采用移动存储设备进行传输。

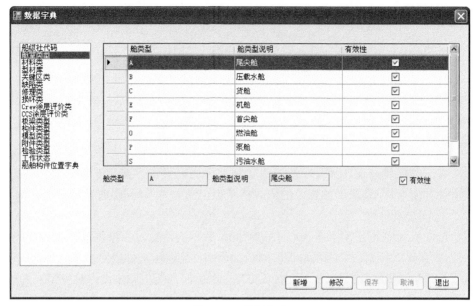

图 6.17 数据字典

1. 基本概念及处理机制

1) 同步记录状态监控

参与同步的记录均具有对应的状态用以标识该条记录处于同步的哪个状态；同时，也具有对应的字段用以标识该条记录的唯一性，即该记录属于哪个同步文件。

同步记录状态的监控可以分为两种情况，即保养记录及非保养记录。保养记录包括定期、月度、航态、特殊指令记录，其他参与同步记录的均为非保养记录。

对于保养记录，以记录的工作状态来更新同步状态。在船端，同步状态可分为未完成、填报待提交、完成待同步、待审核、审核通过、审核未通过几类，如表 6.1 所示。在岸端，同步状态可分为未完成、待审核、审核通过待同步、审核未通过待同步、审核通过已同步、审核未通过已同步几类，如表 6.2 所示。

表 6.1 船端保养记录同步状态

同步状态	对应图标	对应操作	允许修改
未完成	▲▲▲△	未填报	是
填报待提交	□	已填报	是
完成待同步	□	已提交	否
待审核	▦	已收回执	否
审核通过	●●●	已反馈	否
审核未通过	▦	已反馈	是

表 6.2　岸端保养记录同步状态

同步状态	对应图标	对应操作	允许修改
未完成	▲ ▲ ▲ △	未填报	是
待审核	● ● ●	已填报	是
审核通过待同步	▨	已提交	否
审核未通过待同步	□	已提交	否
审核通过已同步	■	已收回执	否
审核未通过已同步	■	已收回执	否

对于非保养记录,船端、岸端同步状态均分为已发送和未发送两种,并不标识于窗体界面上,记录新增或修改的同时将其标记为未发送,同步时自动对其提取。

2) 同步文件格式

船岸两端均采用 XML 同步文件进行同步数据的传输。如果传输的文件为同步文件,则在该 XML 文件中存储同步数据;如果文件为同步文件的回执,则存储该回执是属于哪个同步文件的,以便于在接收方导入数据时与历史同步文件对应起来。

XML 文件中对同步文件的属性进行了标识,如图 6.18 所示,这样每次导入数据或写入日志时就可以判断出该文件的来源、类型、名称。

图 6.18　XML 文件示例

保养记录对应的图片、文档等附件均存储在数据库的一张表中,同步时以二进制编码的形式进行传输。

3) 同步邮件名

两端均生成具有特定规则的文件名,以文件名作为同步文件名,同时也作为同步及回执邮件的邮件名。

船端同步文件包含相关记录表(定期、月度、航态、特殊指令保养记录)中标记为"已提交待同步"状态的记录、相关记录表(设备卡、维护保养发现记录)中标记为

"已发送＝False"的记录,以及这些记录对应的附件。这些记录从数据库中被提取出来之后,封装至 RAR 文件下,系统自动为该文件命名并存于指定目录下。文件命名格式示例为:"SHIPID_CREW_SN_RN_DATE_SEND"。其中"CREW"表示该文件来自船端,"SN"标记了该文件包是在本主机发送的第几个文件包,"RN"代表发送该文件包的版本号,"DATE"代表发送的日期,"SEND"代表该文件为发送的同步文件,该字段若为"RECIEVE",则表示其为回执邮件。

船端同步文件包含岸端对船端同步过来记录的部分审核结果。文件命名格式示例为"SHIPID_COMPANY_SN_RN_DATE_SEND",其中"COMPANY"代表邮件来自岸端,其他字段要求均与船端相同。

4) 同步回执机制

回执机制借鉴于 TCP/IP 协议握手原理,接收端向发送端发送回执后,发送端只有接收到对应回执后,方可认为该文件同步成功。对于未收到回执文件的情况,发送端设立回执等待时限,若超时未收到,则自动重发,直至正确接收回执。这一过程如图 6.19 所示。

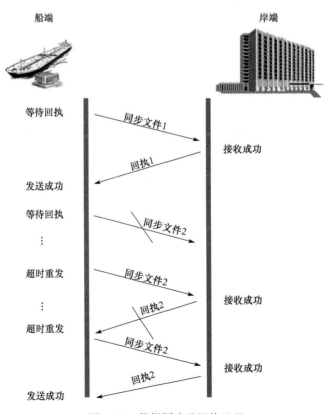

图 6.19　数据同步及回执过程

增量同步过程中,同步发送端对每一项同步记录也以上述编码在数据库中进行标识,接口程序每次同步文件发送成功后,将该编码赋予每一行同步记录项,收到回执后,将该编码清空。而在未收到回执的情况下,同步记录项不允许修改。这一方式基于时间戳的概念,避免了不同同步文件对同一记录的重复发送问题,同时也限制了数据同步时用户并发修改的可能。在每个涉及同步的数据表中,均有一个名为"同步序列号"的字段对数据同步文件序号加以标识。该同步序列号格式与对应的同步文件名相同,不同之处为其版本号始终为"1"。船端及岸端同步回执处理过程如图 6.20 和图 6.21 所示。

(1)错误回滚。

船岸两端将每一个同步文件的发送与接收均封装为一项数据库事务操作,只有正确完成了该同步文件的操作后才将该事务提交至数据库,存储数据的更改。若由于不可控因素(断网、断电、程序非法终止等),致使该文件操作失败,则事务不进行提交,数据库将自动回滚至处理前的状态。

(2)并发控制。

由于岸端为多用户访问程序,需考虑并发操作的可能性。在正常的数据库访问中,用户对于数据表的操作均采用了互斥锁,即不允许不同用户同时修改同一条记录,以避免多用户对于该记录并发操作的可能性。

数据同步仅允许管理员用户使用。在同步过程中,需要对多个表的数据进行提取及修改,因此需在此时避免多用户并发访问的可能性。一旦开始同步后,在岸

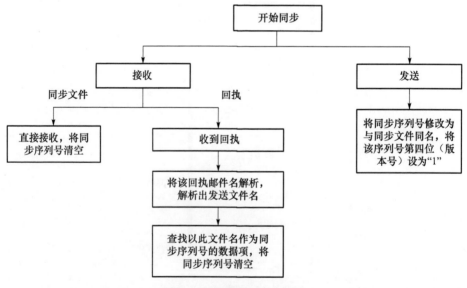

图 6.20　船端同步处理过程

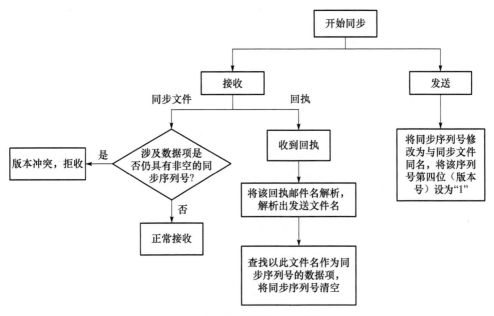

图 6.21　岸端同步处理过程

端将普通权限的用户全部禁用,同步结束后或报错退出时自动恢复权限。

　　岸端普通账户、管理员账户并发操作进行同步的过程分别如图 6.22 和图 6.23 所示。

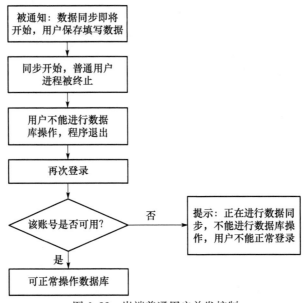

图 6.22　岸端普通用户并发控制

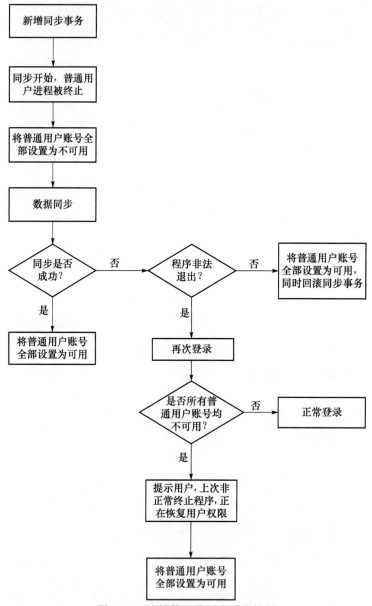

图 6.23　岸端管理员用户并发控制

2. 主要功能

船端数据同步操作界面如图 6.24 所示。船端数据同步主要分为三部分操作：外部文件操作、同步周期操作、数据同步形式。

外部文件操作功能中,用户可通过点击按钮对同步文件或附件文件进行导入

图 6.24　船端数据同步操作界面

及导出处理,同步文件及附件文件的格式均为 RAR 压缩文件。

同步周期操作功能中,用户对同步周期、同步时间、接收回执期限分别进行修改,这三者的含义为:同步周期表示两次自动同步操作之间的间隔天数;同步时间表示若系统时间恰好达到同步周期,则应进行数据同步的具体时间;接收回执期限是一个以天为单位的数值,表示发送的同步文件若超过该期限天数仍未收到回执,则进行重发。

数据同步形式设置中,为用户设置了三种数据同步形式:仅接收、仅发送、接收＋发送,用户可根据情况选择同步形式,无论自动或手动同步都将依次选择进行。"含附件发送"选项决定了在发送时用户是否将附件与同步记录一起进行发送。"现在同步"按钮用以依据上述选项进行强制同步。

图 6.24 下方按钮内,"恢复默认"用以将设置属性恢复为预设默认值,图 6.25 即为默认设置情况。"同步日志"用以调出相应日志窗体,显示数据同步文件的接收及发送情况。点击"确定"按钮可保存设置并关闭窗体,点击"应用"按钮保存设置。

岸端窗体与其相似,在此基础上增加了"船队选择"功能,用户需先对当前数据库中的船舶进行选择,方可进行同步处理,如图 6.25 所示。

1) 数据接收/发送

船端和岸端进行数据接收/发送的方式均有两种:强制接收/发送和定时接收/发送。

若采用强制接收/发送,用户可选择同步形式后,点击"现在同步"按钮开始操

图 6.25　岸端数据同步操作界面

作。默认状态为接收＋发送,此状态下先对同步邮箱进行检索,接收文件,再检索本地同步数据,进行文件发送。

2) 数据导入/导出

数据同步失败或同步文件较大的情况下,用户可通过点击"导入"、"导出"按钮处理同步文件。

导出过程与同步发送过程一致,将待同步数据提取至同步文件中并压缩;导入过程与同步接收过程一致,将导入文件的内容更新至数据库中。

同步文件中对导出操作的文件和同步操作的文件加以不同的标识。如某接收文件为同步类型文件,则其导入成功后,更新同步日志中对应同步文件状态,待下次同步时为该文件发送回执。

3) 附件文件设置

数据同步窗体中关于附件的选项有两个:一个是发送时选择是否发送附件;另一个是导入/导出时可以选择的文件类型为附件文件。

发送同步文件时若选择"含附件发送",则待同步记录对应的附件文件将一起写入同步文件;若不选择,将只发送保养记录。

导出时若选择文件类型为附件文件,则可仅将待同步记录对应的附件文件导出;若选择文件类型为同步文件,则待同步记录及其附件文件一起导出。导入过程中,需选择正确的文件类型方可进行导入。

4) 同步周期设置

这一部分包括两方面的内容:自动数据同步时周期的设置,以及回执等待期限。

同步周期包括周期天数和同步时间两项,周期用以设置两次自动同步间隔的天数,同步时间用以设置到达指定同步日期时,开始同步的具体时间。

回执等待期限是指已发送的同步文件接收回执的最长期限,若从同步完成起,达到该期限仍未接收到回执,则将该同步文件自动重发并存储至同步日志中。

5) 数据同步日志

数据同步中的接收及发送文件记录可在数据同步日志中进行查看,如图 6.26 所示。同步记录共有“等待回执”、“接收成功”、“发送成功”、“已重发”几个状态,用户可以在表格中选择“等待回执”状态的记录,并点击“重发”按钮,进行该文件的重发,此时该同步文件的第四位版本号自动加 1。同时,可以点击“删除记录”按钮对本地的同步文件进行删除。

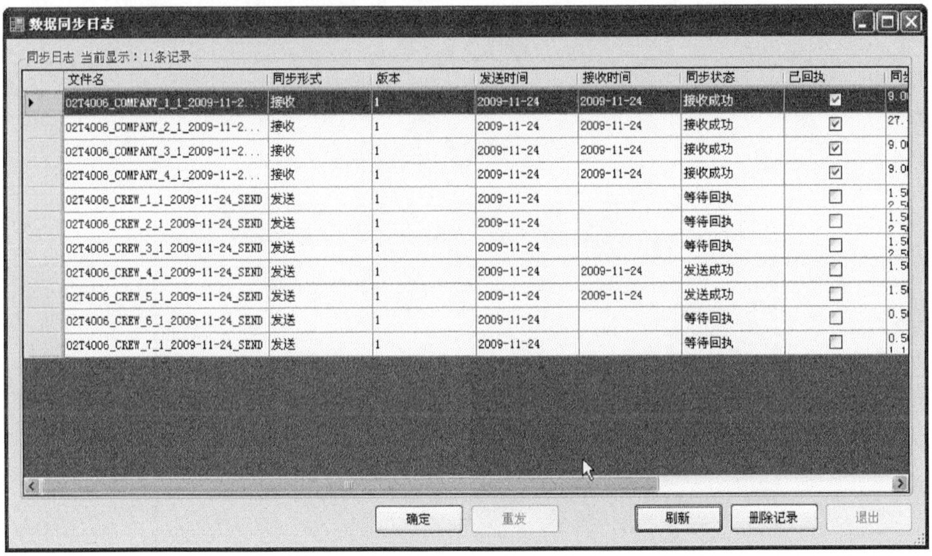

图 6.26　船端数据同步日志

岸端同步日志中,船公司现有船队列表对同步文件加以区分,用户可通过点击左侧树状图中不同的 SHIPID,查看公司与该对应船舶之间的往来同步文件情况,如图 6.27 所示。

6) 用户控制

在岸端,进行单用户处理时,只有可同步的账号(管理员)可进行数据库操作,其他用户访问数据库时,进行异常处理,提示为“当前正在进行数据同步,请稍后再试”。

无论船端还是岸端,仅管理员账户有进行数据同步的权限。

7) 数据库设置

船岸两端均可进行数据库设置。这部分功能位于“系统设置”窗体中的“数据库设置”选项卡内。图 6.28 为船端数据库设置窗体。

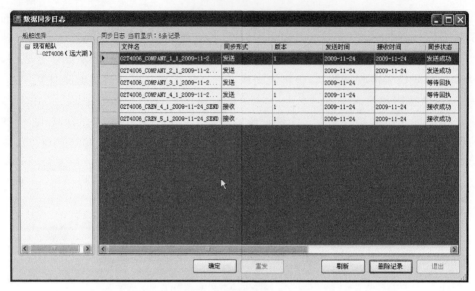

图 6.27　岸端数据同步日志

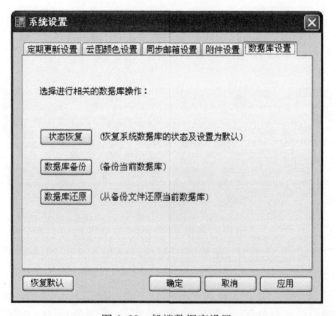

图 6.28　船端数据库设置

　　用户可通过点击"数据库备份"按钮为当前数据库生成一个完全备份文件,存储在默认路径下。点击"数据库还原"按钮可通过读取备份文件还原数据库。

　　"状态恢复"按钮用于当同步失败时,管理员对普通权限的用户状态进行手动恢复。

8）灾难恢复

岸端具有灾难恢复功能，用以在船端发生数据库文件损坏或丢失时，恢复船端数据库。在系统安装之初，岸端数据库服务器同时备份了一个船端数据库文件。当在船端发生不可预测情况使数据库文件丢失或损坏时，岸端的灾难恢复程序可读取当前数据库中所有参与同步的数据表，并将这些表导入该备份数据库。灾难恢复操作界面如图 6.29 所示。该船端数据库可以以一个文件的形式存储，这就可以很方便地将其导入船上，将船端数据库重新建立起来。

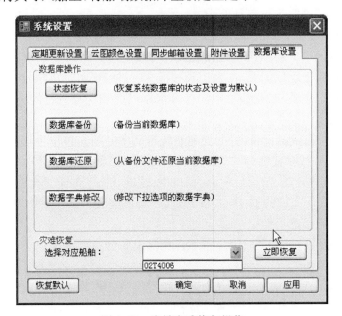

图 6.29　岸端灾难恢复操作

6.1.3　船体生命周期业务规则管理

船公司管理子系统中，参与定期记录首排的设备保养级别为 D、E、F、G、H，船员端与机务端均具有定期首排功能，允许使用该功能的用户仅为机务账号。涉及的记录内容为设备卡与定期保养卡。定期保养记录首排要点如下。

对于每个系统，均可设定一个首排开始时间，所有设备均以此时间为起始限制开始首排。

首排期间，对于设备为 CREW、DKEQ 型的定期记录，将其对应舱室涂层记录、甲板设备记录同时进行首排，计划日期同该定期记录。

周期最小单位为月。

对于每个设备，用户设置其最大级别的首排时间，该设备其他小级别均按此首排时间开始首排，每个级别首排的起始限制时间为系统首排开始时间，终止限制时间为系统首排开始时间＋60个月。

依规则首排后,需进行调整,提取出首排后同设备处于同时间点上的记录,若有多条记录,删除小级别记录,即可用大级别记录代替小级别记录,但G级除外。

编制工作卡时,G级(对应船级中间检验)、H级(对应船级特检)同时存在;G级计划不屏蔽D、E两级。

每个H级别周期内仅有一次G级。

D级不允许提前进行。

首排时日期确定为指定月份15日。

首排流程如图6.30所示。

定期保养记录更新,对于未完成记录,可设定每日定时更新,程序启动自动更新,强制更新;对于完成记录,在该记录被提交时进行更新。更新过程中,主要进行定期记录的状态调整,以及针对不同保养级别已完成记录进行的记录调整。定期保养记录更新要点如下。

(1)对于未完成的记录,根据当前系统时间所处的窗口位置(分为窗口前不可开始、窗口前可开始、前窗口中、后窗口中、超期、过期几种情况)修改记录编辑状态,其中窗口前可开始、前窗口中、后窗口中、超期状态下的记录允许编辑。

(2)对于提前完成的E、F、G、H级记录(即其完成日期在该计划日期前允差之前),则需对该记录的后续记录进行调整。

① 若该记录后续未完成记录中不含相同设备的更高级别记录,则将后续未完成记录全部删除。

② 若该记录后续未完成记录中含有相同设备的更高级别记录,则将该记录完成日期至最近一个高级别记录的后续未完成记录全部删除,删除的记录应包括本级别以及低于本级别的未完成记录。

(3)进行记录删除后,需以本次记录完成日期为基点,以最近一条高级别记录计划日期为截止,按该设备首排规则补充保养记录,补充的记录应包括本级别以及低于本级别的记录。若无最近的高级别记录,则以该记录对应的最后一条记录计划日期为截止。

(4)对于所有已完成的记录,需计算本次完成日期与最后一次记录计划日期之间的时间距离,若此距离小于60个月,则按此记录级别规则追加记录,以保证始终具有5年的记录处于计划内。

(5)进行记录调整,提取出同设备处于同时间点上的未完成记录,若有多条记录,删除小级别记录,即可用大级别记录代替小级别记录。

(6)调整期间,G级(对应船级中间检验)、H级(对应船级特检)允许同时存在;G级不替换D、E两级。

对于未完成记录,其定期更新算法流程如图6.31所示。

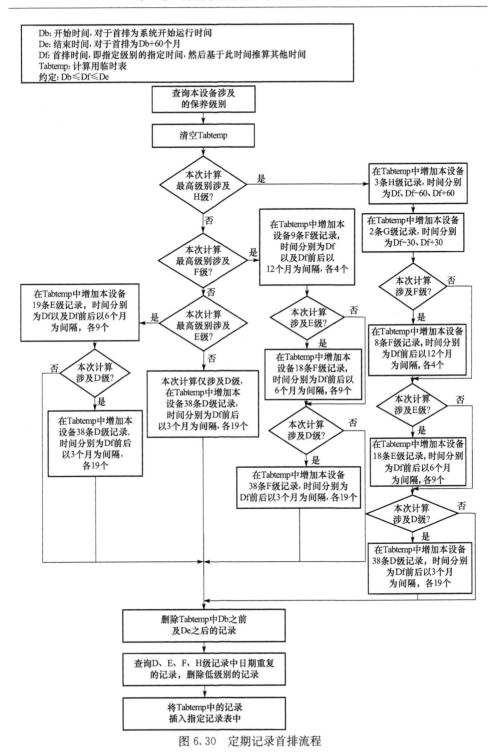

图 6.30　定期记录首排流程

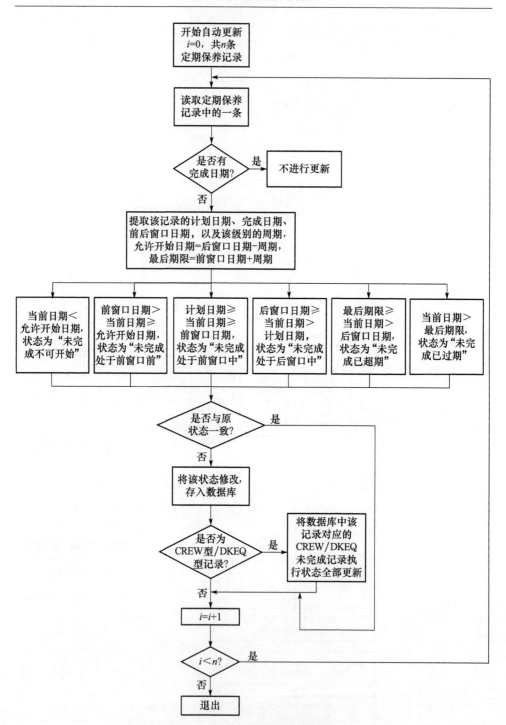

图 6.31　未完成记录定期更新算法

对于已完成的记录,其更新操作在该记录被提交时进行,根据不同级别记录的不同情况,其更新算法流程分别如图 6.32～图 6.36 所示。

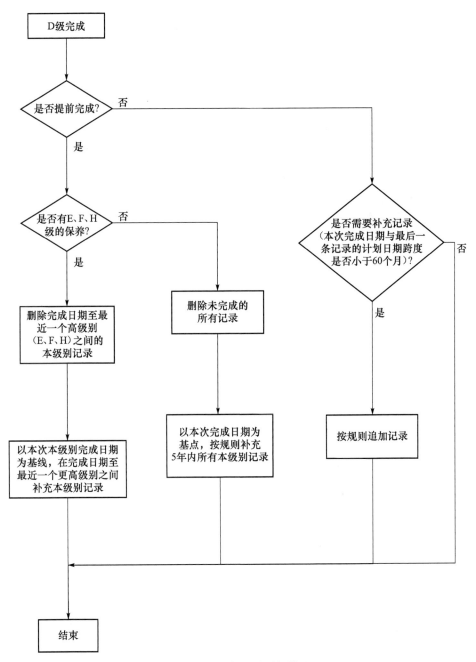

图 6.32　D 级记录更新算法

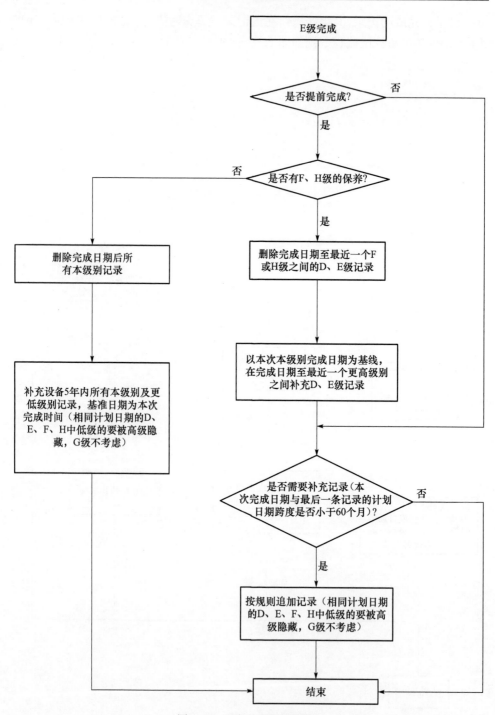

图 6.33　E 级记录更新算法

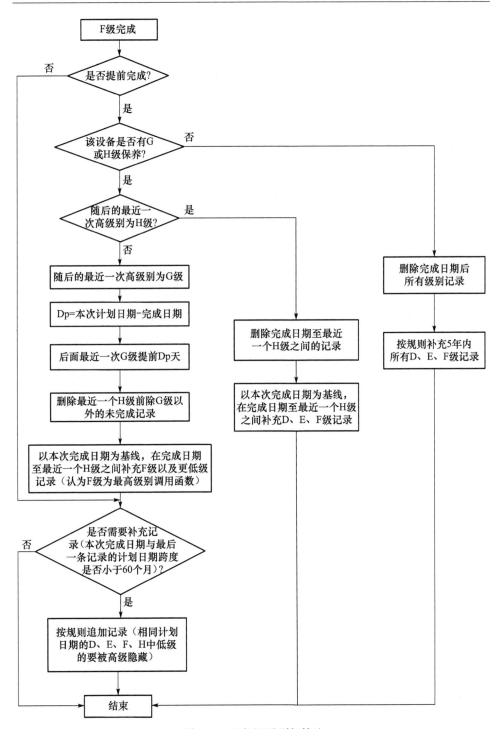

图 6.34　F 级记录更新算法

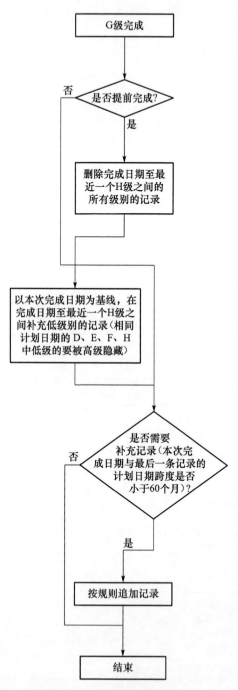

图 6.35　G 级记录更新算法

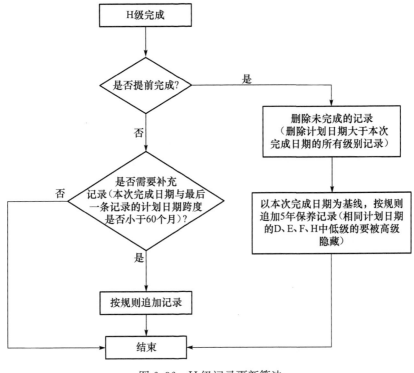

图 6.36　H 级记录更新算法

6.2　船公司管理子系统

6.2.1　开发技术路线

　　船公司管理子系统运行于整个船体生命周期,与其他各子系统都发生数据交换。当前,船东在与设计单位、建造单位及检验单位进行业务协同时,信息化水平较低,基本上还是以纸质媒体及电话、电子邮件等渠道进行沟通。而船东公司内部配置的管理信息系统多以船舶设备的维护保障为主,缺乏对船舶整体的数据维护功能。

　　船公司管理子系统的开发技术路线为:在船东公司的局域网上建立共享的数据库,多个参与业务的人员或管理人员在各自终端上并发访问同一数据库,按照各自的用户权限完成各种查询和数据更新工作。由专门的数据管理人员按照数据协议与其他子系统进行数据交换,使得船东决策人员在设计建造过程中能够充分参与,及时对方案进行反馈。完成几条船的设计建造之后,再开始新船设计建造时,船东可查看并分析数据库中的船舶设计建造需求和反馈的历史数据,从而指导新船设计建造过程。

各个业务过程均由工作流控制模块管理,以辅助用户清楚地理解每一步操作的必要性和数据、人力或物资的流向。业务规则管理模块不仅是工作流控制模块的基础,也是具体业务模块的基础[119]。只有管理员才有权限修改工作流和业务规则。

在营运阶段,船东公司和船舶之间的数据通信一般采用卫星通信网络,带宽有限而且资费较高。系统可融合当前船东公司的数据传输机制,对船体维护保养数据进行多层次压缩,保证发送和接收数据的速度、经济性和准确度。

在各个阶段都有三维模型支持用户直观地查看船体状态数据,模型的精细程度随着生命周期阶段的变化而变化。即三维模型是与船体属性耦合的,船体属性的变化可以影响三维模型的显示,对三维模型的交互操作也可获得船体属性数据。

6.2.2　主要功能

图 6.37 为船公司管理子系统的系统架构,主要包括以下功能。

图 6.37　船公司管理子系统架构

(1) 管理新船设计的需求-反馈数据。负责新船论证的人员在公司局域网内的终端上可以提交每一个具体需求的参数,形成一个需求方案。在与设计单位交流需求的过程中造成的修改也记录在数据库中,形成多个版本的需求。负责人员可以查看当前及历史的需求数据,也可查看当前设计单位对需求的反馈情况。

(2) 查看船舶设计方案。在设计过程中的关键节点,接收设计单位子系统的设计数据(包括三维模型、属性数据库、图纸、文档等),针对设计数据提出修改意见。反馈修改意见的操作也属于需求变动,进入需求管理模块完成。

(3) 管理新船建造的要求-执行数据。船东建造代表、船东管理人员可以根据建造装配模型查看提出的船体建造要求被建造单位执行的情况(如构件替代、工艺说明等),以及船体建造过程的进度。

（4）查看建造完工数据。建造完工后,接收建造单位子系统的建造完工数据（包括三维模型、属性数据库、图纸、文档等）。

（5）查看检验-维护保养-修理数据。船东管理人员在公司局域网内的终端上可以查看船体的所有检验-维护保养-修理数据。这些工作都是在有三维模型浏览的环境下进行的,即查看每条记录都可同时查看该记录所关联的三维模型实体在船舶上的具体位置、形状。借助流程可视化工具,船东还可以实时地了解当前流程状态。

（6）分析船体检验-维护保养-修理数据。通过对船体检验-维护保养-修理数据的历史记录进行分析,可以得到船舶当前状态的定量分析报表。可以在三维模型上进行必要的标注、测量长度和面积,并可以保存该标注。可以在轻量化三维模型上进行剖切以生成二维工程图。

（7）接收船体检验-维护保养-修理数据。包括接收船级社子系统发布的检验数据、接收船员的维护保养数据、接收船厂的修理数据。

（8）管理船体检验-维护保养-修理数据。可以在三维模型上或根据一定的规则选定构件集合后,制订相应的维护保养要求、涂装计划和修理计划。

下面仅以检验-维护保养-修理数据的记录填报、维护为例,说明船公司管理子系统的功能及实现方式。

1. 涂层状态

本模块用来实现公司机务用户查看船员对舱室涂层及结构状态检查后填报的单元体面状态指标。用户可查看某一舱室的单元体面 3D 模型以及独立的单元体、单元面 3D 模型,可以根据单元面指标自动计算整个舱室的涂层结构状态,查看整个舱室的涂层结构状态的单个指标云图,截取涂层状态云图照片,输出该舱室涂层结构状态检查报告。其一般流程如图 6.38～图 6.43 所示。

图 6.38　定期记录模块

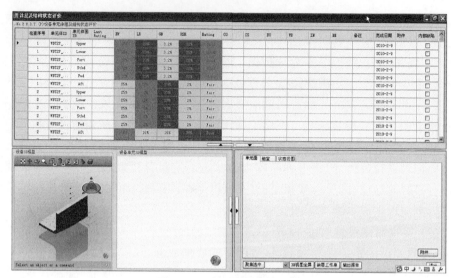

图 6.39　涂层状态记录模块

1) 单元体面 3D 模型浏览

用户进入模块后，即可浏览该舱室单元体面 3D 模型。点击表格中单元体名称，即在"设备 3D 模型"中高亮显示该单元体，并在"设备单元 3D 模型"中单独显示该单元体；点击表格中单元面名称，即在"设备 3D 模型"中高亮显示该单元体，并在"设备单元 3D 模型"中单独显示该单元面；在三维视图中选择单元体面，在表格中也高亮显示。可利用鼠标或键盘 Ctrl＋鼠标多选数据行。

2) 计算舱室指标

船公司用户在船员对舱室涂层及结构状态检查后填报的单元体面状态指标的基础上，即可计算该舱室状态指标，并可以查看重点关注区和添加附件，如图 6.40 所示。

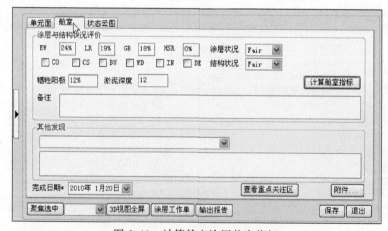

图 6.40　计算舱室涂层状态指标

3）状态云图查看

用户对该舱室单元体面的涂装及结构状态指标进行评价后，选择需要查看云图的指标名称，即可查看该指标的全舱单元体面状态云图，如图 6.41 所示。

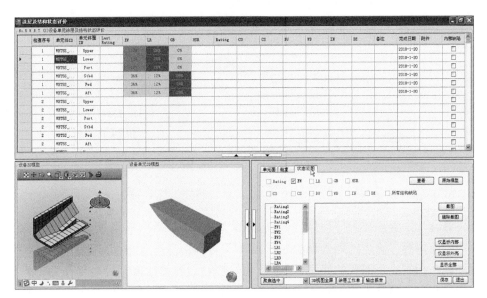

图 6.41　舱室状态云图查看

4）状态云图截图

功能概述：截取不同指标的云图，用于输出状态报告。

功能操作说明（图 6.42 和图 6.43）：

（1）用户选择需要查看云图的指标名称，查看该指标的全舱单元体面状态云图；

（2）选择对应云图的名称，点击"截图"按钮即可完成云图的截图，同时可以预览截图；

（3）对于不理想的截图，可通过"删除"按钮删除。

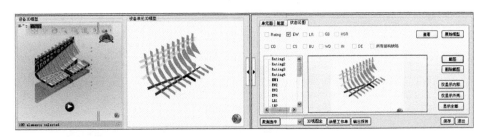

图 6.42　涂层状态云图截图操作

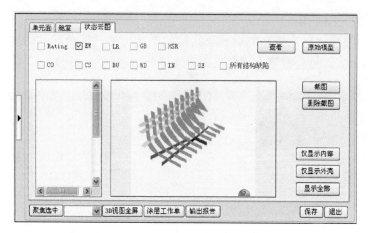

图 6.43 选择截图指标

2. 修理计划管理

修理计划管理分为修理计划查询、删除修理计划、新增修理计划、修改修理计划四方面内容。修理计划查询是指根据相关查询信息组合查询修理计划,删除修理计划是指删除不需要的修理计划,新增修理计划和修改修理计划是指对修理计划新增和完工信息的填写。

1) 新增修理计划

如图 6.44 所示,在弹出的"修理计划管理"窗口内点击"新增修理计划"按钮,

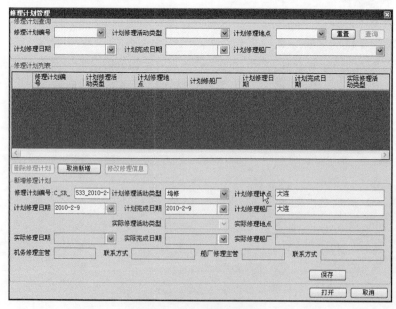

图 6.44 新增修理计划

用户需要输入修理计划编号、计划修理活动类型（坞修/航修）等修理信息。输入完成后，点击"确定"按钮，即将此计划保存至数据库中。新增修理计划成功之后，新增的修理计划保存到修理计划列表中。

　　2）修改修理计划

　　如图 6.45 所示，用户完成本次修理计划填报后点击"修改修理计划"按钮。在主界面则会显示该计划的所有详细信息。此时用户可以编辑该计划的完工信息：实际修理活动类型、实际修理地点、实际修船厂、实际修理日期、实际完成日期。修改修理计划成功之后，本次的修理计划保存到修理计划列表中。

图 6.45　修改修理计划

3. 修理计划制订

1）修理计划计算和编辑

　　如图 6.46 所示，用户在"修理计划管理"中选择一个修理计划后，点击"打开"，在主界面则会显示该计划的所有详细信息。在已选择舱室成功的前提下，通过不同的选择方式（"视图所选"、"全选"）选择需要修理的构件，再输入每个构件的修理数值，点击"保存"按钮后，即可计算修理量和编辑后的修理计划。

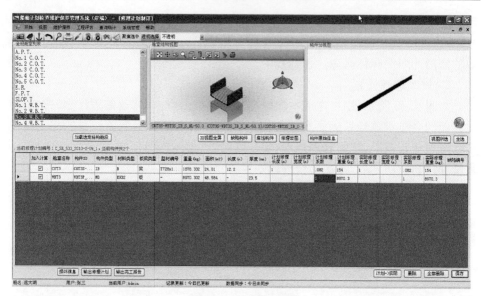

图 6.46　修理量计算

2) 缺陷构件

如图 6.47 所示,缺陷构件功能可将维护保养发现中添加的缺陷构件关联到涂装面积计算中。

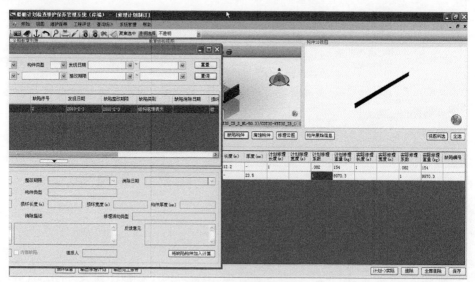

图 6.47　添加缺陷构件

3) 腐蚀构件

如图 6.48 所示,缺陷构件功能可将测厚子系统中添加的腐蚀构件关联到结构修理计划计算中。

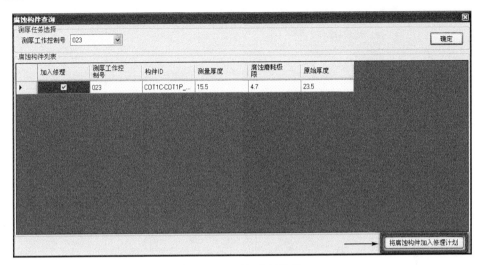

图 6.48　添加腐蚀构件

4）修理云图

如图 6.49 所示，修理云图功能是指对添加到列表中的修理构件以云图的形式显示出来。

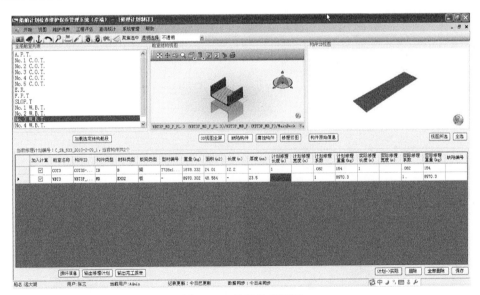

图 6.49　显示修理云图

5）损坏信息

如图 6.50 所示，选定详细描述构件，点击界面中的"损坏信息"项弹出损坏信息描述对话框，在损坏信息描述内填写信息。

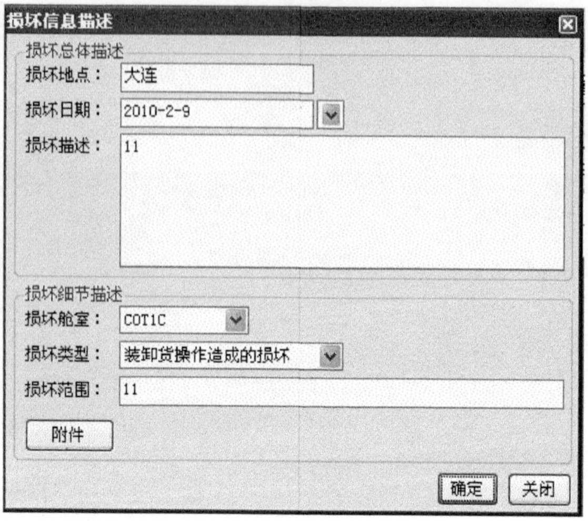

图 6.50　填写损坏信息

6.3　移动检验支持系统

6.3.1　设计思想

图 6.51 为现行的船体检验信息记录模式。检验人员登船检验时需要携带数码相机、笔和检验草图,检验时通常两人一组,一人读数,一人记录,对关键部位要拍照记录,检验结束后回到岸上办公室将草图上的记录数据整理后录入计算机。

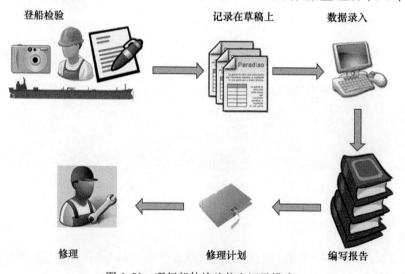

图 6.51　现行船体检验信息记录模式

由于没有专门的检验支持系统,现在一般都是基于 Excel 等电子表格保存检验数据,在电子表格中检查之后再打印形成纸质报告存档。

显然这种方式存在许多弊端。首先,数据的记录、整理、录入、检查的一系列操作就占据了相当长的时间,而船东往往希望在船舶进坞期间的几天之内就能得到一份完整的检验报告,现实情况使得检验人员疲于应付报告的整理上,这显然会影响对船体真实状态的获取,以及进一步的评估。其次,检验人员的记录方式也影响了整个过程的效率。由于大部分船体检验区域不便于书写,在草图上的检验记录都很潦草,回到办公室再进行录入时非常容易出错。检验人员将数码相机中的照片导出到计算机上后,还要回忆照片和具体船体结构区域的对应关系,再插入报告中的相应位置。而且照片的电子格式本身在现阶段也不是要求必需存档的。

这种情况使得船体检验业务的信息化与整个行业的信息化脱节,形成了木桶效应。对一艘船来说,一次检验可能仅仅是耽误了几天的时间,但对船公司来说,整个船队由此造成的利润损失则是非常惊人的。而且从全行业的层面来看,当前船体检验的信息化水平使得检验数据在被其他系统使用之前还要依赖人工进行大量的数据转换工作,对整个船体生命周期管理系统的运行是一个不利的影响。

船东、船级社及测厚公司都有对船体进行检验的业务需求,因此有必要发展一种船体检验信息管理的新手段,以提高检验人员对船体检验计划、检验记录的处理效率,以及数据存储能力和数据开放性。移动计算技术的发展使得这种手段得以实现。图 6.52 为基于移动检验支持系统的船体检验信息记录方式。

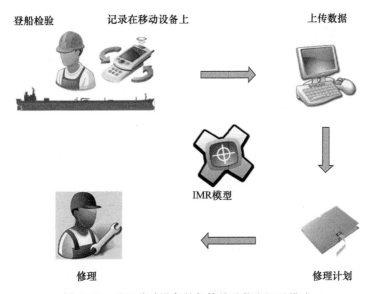

图 6.52　基于移动设备的船体检验信息记录模式

移动检验支持系统支持检验人员在 IMR 管理子系统的基础之上,借助智能手机或 PDA 等移动设备,在联机或脱机模式下进行船体检验信息管理。以本书前述的 SSIIM 模型格式为基础,经过 IMR 管理子系统的配置得到 IMR 模型。IMR 模型中包括某次检验计划的船舶名称、检验地点、检验区域以及检验区域的三维模型、相关船体构件的基本数据、检验要求等数据。在登船检验之前,将 IMR 模型下载到移动设备上,检验人员在移动设备上查看 IMR 模型就相当于查看检验计划。系统界面将检验计划中的构件检验条目以表格的形式显示,检验人员可将检验数据直接记录于界面表格中,系统中的查错功能可帮助检验人员在记录时就可发现错误,从而保证了数据的有效性。确认后数据即写入底层的 IMR 模型中。移动设备一般集成了数码相机的功能,这使得一方面检验人员不用再另外携带数码相机,另一方面也使得检验照片易于管理。将当前照片与检验条目关联上,即将照片在移动设备中的存储路径及文件名写入 IMR 模型中。

检验结束后,检验人员只需将移动设备与服务器连接(无线或有线方式均可),将 IMR 模型上传,即完成了数据的提交。由于 IMR 模型是基于 XML 的结构化数据,在上传 IMR 模型时,实际上是仅上传与原计划相比的增量数据,如此不仅可降低对网络的要求,也可提高传输的速率。在上传照片时,通过 IMR 模型中记录的完整文件名将移动设备中的照片提取出来。

IMR 模型的结构化数据还使得检验数据的开放性大大增强。IMR 模型可以轻易地被其他系统读取,从而使得修理计划制订更具有针对性,对船体状态的发展趋势预测也可进行。

6.3.2　系统架构

系统整合了离线和在线两种方式。一般情况下建议采用在线方式,在网络条件不好的场合可使用离线方式。

在线业务处理的模式下,需要在船舶检验地点设置与移动检验支持系统进行交互的应用信息中心,以支持移动业务的数据交换。完全离线模式下使用移动检验支持系统则需要到固定办公单位签出 IMR 模型。

在线业务模式可支持检验单位对检验人员的实时派遣、任务发布,而离线业务模式下则不支持这些功能,检验人员只能完成一次签出的任务。

在线业务模式提供两种提交数据的手段:一种是定时同步,这种方式适合于检验记录中含有大量照片的情况,通过无线网络传输比较费时,检验人员可以设定在空闲的时间自动上传数据;另一种是检验人员到固定办公单位通过 USB 进行数据同步。

移动检验支持系统的系统架构如图 6.53 所示。

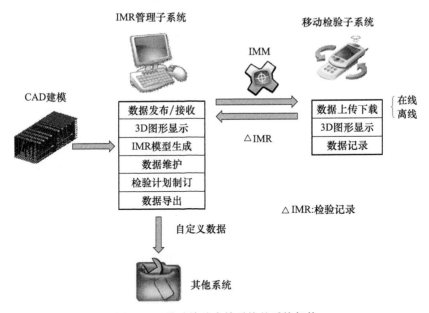

图 6.53　移动检验支持系统的系统架构

6.3.3　系统开发

1）平台选择

由于 Java 具有良好的平台通用性和可移植性,使用 Java 编译的程序可以在大多数移动操作系统上运行,这将使得系统推广更加容易。J2ME 是为机顶盒、移动电话和 PDA 之类嵌入式消费电子设备提供的 Java 语言平台,包括虚拟机和一系列标准化的 Java API[120]。本书选择 J2ME 作为移动检验支持系统的开发平台。

J2ME 将嵌入式设备按照硬件性能分为两类:一类是运算功能有限、电力供应也有限的嵌入式装置(如 PDA、手机);另一类是运算能力相对较佳、并且有持续电源的嵌入式装置(如电冰箱、电视机顶盒)。对这两类设备利用 Configuration 的概念描述成两种抽象的形态,CLDC(connected limited device configuration)对应第一种资源受限的设备,而 CDC(connected device configuration)对应第二种设备。J2ME 在 Configuration 的基础上又定义了 Profile 的概念,以更明确地区分出各种嵌入式装置上 Java 程序应如何开发以及它们应具有哪些功能。Profile 实质上是 Configuration 对应的通用类库。MIDP 就是建立在 CLDC 基础之上专用于 PDA 或手机等移动设备的移动应用程序开发 API。

2）XML 解析

由于初期的移动信息设备内存和处理器上的不足,在 MIDP1.0 中并没有提供对 XML 的支持。随着内存和处理器的提高,使得对 XML 的支持成为了可能。在 JSR182 中提供了 XML 的解析器,但是这并不是标准 MIDP 中的 API,需要特定的实现才可以支持。当前主要使用第三方的 API 来解析 XML,如 KXML 和 NanoXML,它们都提供了对解析 XML 的支持。KXML 在解析 XML 过程中会对文件内容一层一层进行解析,因此成为增量式解析器,比较适合大文件的解析。而 NanoXML 是一次性解析器,在一定时间内就把整个 XML 文档解析完,会造成内存不足的现象,因此不适合大文件的解析。在移动检验系统开发中,使用 KXML 作为 XML 解析器。

3) 3D 图形显示

JSR184 标准(M3G,Mobile 3D Graphics)为 Java 移动应用程序定义了一个简洁的 3DAPI 接口,J2ME 程序可以非常方便地使用 M3G 来实现 3D 应用。M3G 被设计为非常轻量级的,整个 API 的完整实现不超过 150KB。类似于 Microsoft 的 D3D,M3G 支持两种 3D 模式:立即模式(immediate mode)和保留模式(retained mode)。在立即模式下,开发者必须手动渲染每一帧,从而获得较快的速度,但代码较烦琐;在保留模式下,开发者只需设置好关键帧,剩下的动画由 M3G 完成,代码较简单,但速度较慢。M3G 也允许混合使用这两种模式。

M3G 的绘图模式与 OpenGL 非常类似。如图 6.54 所示,在 M3G 中所有图形

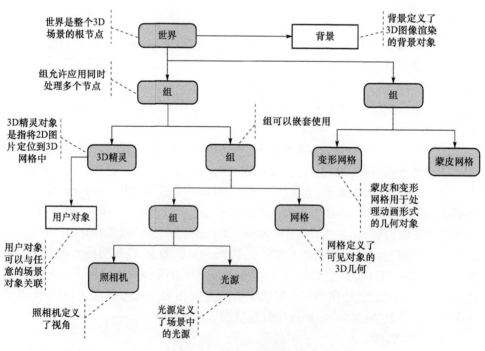

图 6.54　M3G 的数据结构

元素构成了一个树形结构。Graphics3D 是 3D 渲染的屏幕接口，World（世界）代表整个 3D 场景，包括 Camera（照相机，用于设置观察者视角）、Light（光源）、Background（背景）和树形结构的任意数量的 3D 物体。3D 对象在计算机中用点（Point、Pixel）、线（Line、Polyline、Spline）、面（Mesh）来描述，具体存储和运算（如旋转、投影）都是矩阵运算和变换。

4）运行实例

在 Sun J2ME Wireless Toolkit 环境下开发了船体移动检验支持系统的原型系统 Ship Inspector v1.0，仿真界面如图 6.55 所示，从左至右分别为三维模型显示功能、基于表格的检验计划查看和记录填写功能、照片查看和关联功能。

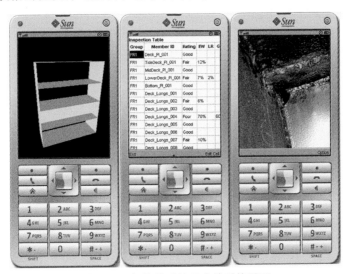

图 6.55　船体移动检验支持系统界面

随后在不同型号的手机上进行了试验，如图 6.56 所示。

图 6.56　船体移动检验支持系统运行实例

6.4　本 章 小 结

　　为了对本书中提出的关于船体生命周期管理的思想进行验证，本章首先分析了船体生命周期管理系统的结构、组成、核心功能模块，并开发了核心功能：轻量化三维船体模型浏览功能、数据同步处理功能及船体生命周期业务规则管理功能。本章主要介绍原型系统的开发情况，以及船公司管理子系统和移动检验支持系统的应用实例。其中，移动检验支持系统属于移动计算技术领域，在 J2ME 环境下编程调试，除此之外的子系统、核心模块都在 VB. net 环境下开发。

第 7 章　总结与展望

7.1　总　　结

　　船舶属于复杂工业产品,在此类产品的设计、建造、营运管理等全生命周期内的工程活动都属于知识密集型和劳动密集型相结合的复杂行为。对于工程行为,效果是受科学的理念、先进的工具、正确的方法等多方面因素影响的。这些因素紧密联系并且互相影响,只有当它们相互之间协调发展时,工程活动才能取得良好的效果,否则便会使问题的复杂程度加剧,影响因素之间互相制约,造成非必要的成本增加、资源浪费。现代社会发展要求工业活动行为要与时俱进、和谐发展。

　　本书以船体生命周期建模与管理中的关键技术为主要研究对象,以船体生命周期事务中的实际问题为基础,主要进行了以下几个方面的研究工作。

　　(1) 基于产品生命周期管理的理念和技术已在制造业内得到广泛应用的事实,分析了一般 PLM 系统应用于船舶行业的可行性。通过对船舶行业工程特点以及船舶行业信息化现状的分析,提出了船体生命周期建模和船体生命周期管理的概念。

　　(2) 研究了船体生命周期的概念和内涵,分析了船体生命周期各阶段的典型事务及模型需求。研究了传统 CAD 模型在船体生命周期管理中的局限性,引入轻量化 CAD 模型的理念,并分析了船体生命周期管理对轻量化 CAD 模型的需求。

　　(3) 结合船舶工程特点,对船体生命周期建模技术进行了较深入的探讨。提出了以表面模型作为船体结构的计算机图形表达方式,在此基础上开发了以 XML 作为异构船体结构 CAD 数据交换的格式,并在两个 CAD 软件——CATIA 和 Intelliship 之间进行了验证。通过对当前主流轻量化 CAD 模型格式的性能和功能分析,开发了面向船体生命周期管理的专用轻量化 CAD 模型格式,并提出了相应的建模方法。在此基础上提出了船体生命周期建模体系结构。

　　(4) 以船体生命周期中的模型构成为切入点,分析了各阶段模型和各种数字化模型,确立了生命周期内的数据流和逻辑流,集中研究了船体结构的模型集成问题。综合使用面向对象技术和参数化技术,引入知识工程和设计结构矩阵优化的理念,建立了船体生命周期模型集成应用框架。以 CAD 模型和 CFD 模型、CAD 模型和 FEA 模型的集成为例进行了验证。

　　(5) 研究了船体生命周期管理的目标及使用环境,分析了船体生命周期管理对于全行业的核心价值。研究了在船体生命周期管理系统开发中应注意的问题以及关键技术,基于船体生命周期建模体系结构,结合 MVC 思想,建立了船体生命周期管理系统框架。

(6)分析了船体生命周期管理系统的系统架构及功能模块组成,围绕本书提出的技术、思想逐步展开,从核心功能模块入手,开发了轻量化船体模型浏览功能、数据同步处理功能及船体生命周期业务规则管理功能。在此基础上开发了原型系统——船公司管理子系统。基于智能移动设备,开发了移动检验支持系统。移动检验支持系统整合了船东、验船师及测厚公司的检验功能需求。

7.2　未来展望

船体生命周期建模与管理,无论在理论研究方面还是实际应用方面都是一项长期的复杂工作,虽然本书已做了大量的工作,但在以下几个方面还需进行更深一步的研究和完善。

(1)船体生命周期管理与设备生命周期管理的整合。设备生命周期管理属于一般 PLM 范畴,其方法不适用于船体生命周期管理。但船体与机电设备共同构成了船舶整体,在船体生命周期管理的研究中,必须要考虑与设备生命周期管理的结合问题。

(2)不仅船体生命周期管理系统中的一些应用问题需要深入研究,如信息链成员之间的数据协议、全生命周期的船体 HSE 评价、更加智能的手持船体检查设备及系统等,还应通过对国内设计单位、建造单位及船级社的业务模式调研,完善船体生命周期管理系统的开发。

(3)船体生命周期管理的概念、方法都适用于海洋工程结构,但应注意有些海洋结构物(如固定式平台等)在建模方法、检验手段上与船舶有所差异,需要专门考虑相应的接口。

(4)随着信息技术、硬件技术的不断发展,船体生命周期事务中的具体业务处理模式必然会发生变化,船体生命周期管理的发展一定要注意对这些技术发展的兼容。例如,将来可能会发展出基于传感器网络和大数据分析的智能船体结构检验系统。

参 考 文 献

[1] 中华人民共和国国务院. 国家中长期科学和技术发展规划纲要(2006—2020 年)[R]. 北京: 新华社,2006.

[2] 王成恩,郝永平,舒启林. 产品生命周期建模与管理[M]. 北京:科学出版社,2004.

[3] 王宇平. CVF——英国皇家海军未来航母[J]. 航海,2007,(5):17-18.

[4] 陈明. 船舶设计制造 CSCW 框架及关键技术研究[D]. 大连:大连理工大学,2002.

[5] 蔡尊德,林焰,纪卓尚. 基于 XML 的船舶线型表达与网上发布[J]. 中国造船,2004,45(4):91-97.

[6] 李玉刚,纪卓尚,林焰. 基于 Web Service 标准的开放式船舶软件开发框架[J]. 武汉理工大学学报(交通科学与工程版),2009,45(6):1037-1040.

[7] 战翌婷. 船舶数字化设计软件平台关键技术研究[D]. 大连:大连理工大学,2008.

[8] 于雁云. 船舶与海洋平台三维参数化总体设计方法研究[D]. 大连:大连理工大学,2009.

[9] Association of Scientists and Engineers of the Naval Sea Systems Command. Computer aided logistics support—A program overview[R]. Washington: U. S. Department of National Technical Information Service,1987.

[10] CIMdata Inc. CIMdata White Paper[R]. Michigan:CIMdata Inc. ,2010.

[11] IDC. IDC White Paper[R]. Massachusetts:IDC,2007.

[12] Sudarsan R,Fenves S J,Sriram R D,et al. A product information modeling framework for product lifecycle management[J]. Computer-Aided Design,2005,37(13):1399-1411.

[13] Siller H R,Estruch A,Vila C,et al. Modeling workflow activities for collaborative process planning with product lifecycle management tools[J]. Journal of Intelligent Manufacturing,2008,19(6):689-700.

[14] Jun H,Kiritsis D,Xirouchakis P. A primitive ontology model for product lifecycle meta data in the closed-loop PLM[M]//Concalves R J,Muller J P,Mertins K. Enterprise Interoperability II. London:Springer,2007:729-740.

[15] Young R,Gunendran A,Cutting-Decelle A. Manufacturing information organization in product lifecycle management[M]//Li W D,McMahon C,Ong S K,et al. Collaborative Product Design and Manufacturing Methodologies and Applications. Berlin:Springer,2007:235-253.

[16] Feldhusen J,Bungert F. PLM pattern language:An integrating theory of archetypal engineering solutions[M]//Takata S,Umeda Y. Advances in Life Cycle Engineering for Sustainable Manufacturing Businesses. Berlin:Springer,2007:125-130.

[17] Ding L,Davies D,McMahon C A. The integration of lightweight representation and annotation for collaborative design representation[J]. Research in Engineering Design,2009,19(4):223-238.

[18]　Zhang W, Fan Y. Design for product lifecycle management[M]//Shen W M. Information Technology for Balanced Manufacturing Systems. Berlin: Springer, 2006: 183-192.

[19]　Zhong P, Liu D, Liu M, et al. Methodology of integrated knowledge management in lifecycle of product development process and its implementation[M]//Fu X. Computer Supported Cooperative Work in Design. Berlin: Springer, 2005: 175-186.

[20]　Giannini F, Monti M, Ansaldi S, et al. PLM to support hazard identification in chemical plant design[M]//Brissaud D, Tichkiewitch S, Zwolinski P. Innovation in Life Cycle Engineering and Sustainable Development. Berlin: Springer, 2006: 349-362.

[21]　Kim G Y, Noh S D, Rim Y H, et al. XML-based concurrent and integrated ergonomic analysis in PLM[J]. International Journal of Advanced Manufacturing Technology, 2008, 39(9-10): 1045-1060.

[22]　Zhao X, Shu H. A structure analysis and data modeling of telecom product based on product lifecycle management[M]//Xu L D, Tjoa A M, Chaudhry S S. Research and Practical Issues of Enterprise Information Systems II. Berlin: Springer, 2008: 1135-1139.

[23]　Zhao L, Wan J, Jiang P, et al. Service design for product lifecycle in service oriented manufacturing[M]//Xiang C H, Liu H H, Huang Y A, et al. Intelligent Robotics and Applications. Berlin: Springer, 2008: 733-742.

[24]　Yang H, Su Q, Jing S, et al. The research of product and project-based aerospace product lifecycle management[M]//Yan X T. Advanced Design and Manufacture to Gain a Competitive Edge. Berlin: Springer, 2008: 131-136.

[25]　Pugliese D, Colombo G, Spurio M. About the integration between KBE and PLM[M]// Takata S, Umeda Y. Advances in Life Cycle Engineering for Sustainable Manufacturing Businesses. Berlin: Springer, 2007: 131-136.

[26]　David G Z, Laurent D, Ricardo R, et al. Knowledge sharing to support collaborative engineering at PLM environment[M]//Reimer U, Karagiannis D. Practical Aspects of Knowledge Management. Berlin: Springer, 2006: 86-96.

[27]　Colombo G, Pugliese D. The role of knowledge management in product lifecycle[M]// Brissaud D, Tichkiewitch S, Zwolinski P. Innovation in Life Cycle Engineering and Sustainable Development. Berlin: Springer, 2006: 397-406.

[28]　Fornasiero R, Panarese D. The application of the closed-loop lifecycle management in virtual organization[M]//Camarinha-Matos L M, Picard W. Pervasive Collaborative Networks. Berlin: Springer, 2008: 177-184.

[29]　Penas R, Gomez A, Pastor L, et al. A neutral framework for the integration of CAD in product model lifecycle systems[C]. International Conference on Computer Applications in Shipbuilding, Shanghai, 2009: 145-153.

[30]　Cabos C, Grafe W, Langbecker U. Supporting ship lifecycle management with simplified CAD data[C]. International Conference on Computer Applications in Shipbuilding, Shanghai, 2009: 170-178.

[31] Matti J, Lauri T K. Saving time and money with integrated 3D product modelling and life-cycle management tool[C]. International Conference on Computer Applications in Ship-building, Malmö, 2002: 536-544.

[32] Oleg S, Alexander S. Application of the ship's electronic data model developed by the shipyard, during subsequent stages of the ship's life[C]. International Conference on Computer Applications in Shipbuilding, Malmö, 2002: 239-247.

[33] Edward H. Condition based maintenance, lifecycle management, and AUTOLOG[C]. International Conference on Computer Applications in Shipbuilding, Malmö, 2002: 382-391.

[34] Fivos A, Juan P. The automation and integration of production processes in shipbuilding[R]. Brussels: European Commission Joint Research Centre Institute for Systems, Informatics & Safety, 2000.

[35] Duperon M R. Hull maintenance software pays dividends on Petrobras FPSOs[J]. Offshore Engineer, 2008, (5): 65-71.

[36] Constantinos S, Diamantis A. Organizing a double hull cot's steel work maintenance program based on the analysis of thickness measurement reporting[EB/OL]. http://era.teipir. gr/index. php? option = com_ content&task = blogsection&id = 11&Itemid = 41. [2016-4-30].

[37] Torgeir M. Fatigue reliability of marine structures, from the alexander Kielland accident to life cycle assessment[J]. International Journal of Offshore and Polar Engineering, 2007, 17(1): 1-21.

[38] Onan D H, Vincent G D. Digital human modeling for product lifecycle management[M]// Duffy V G. Digital Human Modeling. Berlin: Springer, 2007: 372-381.

[39] 沈金方. 船舶生命周期信息系统[J]. 船舶, 2001, (2): 5-8.

[40] 景旭文, 易红, 赵良才. 船舶全寿期动态建模及其应用[J]. 中国造船, 2003, (3): 5-8.

[41] 唐文勇, 李典庆, 张圣坤. 基于风险的船体结构检测及维护研究综述[J]. 船舶力学, 2005, (5): 5-8.

[42] Horst N. Five decades of computer-aided ship design[J]. Computer-Aided Design, 2010, 42(11): 956-969.

[43] Whitfield R I, Meehan J, Wu Z. Ship product modeling[J]. Journal of Ship Production, 2003, 19(4): 230-245.

[44] Okumoto K, Hiyoku K, Uesugi N. Simulation based production using 3-D CAD in ship-building[J]. International Journal of CAD/CAM, 2006, 6(1): 1-10.

[45] Roh M I, Lee K Y, Choic W Y, et al. Improvement of ship design practice using a 3D CAD model of a hull structure[J]. Robotics and Computer-Integrated Manufacturing, 2008, 24(1): 105-124.

[46] Pérez-Arribas F, Suárez-Suárez J A, Fernández-Jambrina L. Automatic surface modelling of a ship hull[J]. Computer-Aided Design, 2006, 38(6): 584-594.

[47] Tahara Y,Tohyama S,Katsui T. CFD-based multi-objective optimization method for ship design[J]. International Journal for Numerical Methods in Fluids,2006,52(5):499-527.

[48] Karr D G,Beier K P,Na S S. A framework for simulation-based design of ship structures [J]. Journal of Ship Production,2002,18(1):33-46.

[49] 谢子明,王兴国,王文荣. 船舶制造三维设计系统 SB3DS 的开发和应用[J]. 舰船科学技术,2008,19(4):5-7.

[50] 苏文荣. 船舶产品设计(SPD)系统[J]. 计算机辅助工程,2009,19(2):1-4.

[51] 高志龙,钱宏,张伟荣. 船体结构 CAD 技术研究[J]. 上海造船,2004,19(2):11-14.

[52] 仵大伟. 船体曲面表达与三维船舶设计研究[D]. 大连:大连理工大学,2003.

[53] 陆丛红. 基于 NURBS 表达的船舶初步设计关键技术研究[D]. 大连:大连理工大学,2005.

[54] 李玉刚. 面向数字化造船的 XML 及其相关标准应用研究[D]. 大连:大连理工大学,2007.

[55] 战翌婷,纪卓尚,陈明,等. 船体结构快速建模系统研究[J]. 武汉理工大学学报(交通科学与工程版),2009,19(1):37-40.

[56] 强兆新. 船舶三维模型参数化设计技术开发及应用[J]. 舰船科学技术,2009,19(1):8-11.

[57] 康友平. 生产导向的船体结构设计[J]. 广船科技,2008,19(2):7-9.

[58] 张萍,冷文浩,朱德祥,等. 船型参数化建模[J]. 船舶力学,2009,13(1):47-54.

[59] 张蓓,高峰,朱沁. 船舶设计制造中的数据转换标准研究[J]. 中国造船,2009,50(3):152-157.

[60] 冯佰威,刘祖源,詹成胜,等. 船舶 CAD/CFD 一体化设计过程集成技术研究[J]. 武汉理工大学学报(交通科学与工程版),2010,19(4):649-652.

[61] 黄金锋,何刚. 舰船 CAD/CAM 系统船体结构数据接口技术研究[J]. 武汉理工大学学报(交通科学与工程版),2008,32(5):906-909.

[62] 王世连,刘寅东. 船舶设计原理[M]. 大连:大连理工大学出版社,2000.

[63] 刘新堂. 谈新船保修的管理[J]. 航海技术,2008,(2):47-50.

[64] 李剑博. 船舶修理设计管理概述[J]. 中国修船,2009,(4):12-15.

[65] 中国船级社. 船体测厚指南[R]. 北京:中国船级社,2007.

[66] 陈丹涌,伍志坚. 船舶结构缺陷及其修理的一般原则[J]. 中国修船,2005,(6):28-30.

[67] 林华. 船舶改装类型分析及技术要点[J]. 中国修船,2005,(2):15-17.

[68] Wiki. IGES[EB/OL]. https://en. wikipedia. org/wiki/IGES. [2016-4-30].

[69] SCRA. STEP application handbook 15010303 Version 3[R]. Charleston:SCRA,2006.

[70] Benthall L,Briggs T,Downie B,et al. STEP for shipbuilding:A solution for product model data exchange[J]. Journal of Ship Production,2003,19(1):44-52.

[71] 吴洁. XML 应用教程[M]. 北京:清华大学出版社,2005.

[72] 胡挺,吴立军. CATIA 二次开发技术基础[M]. 北京:电子工业出版社,2006.

[73] Intergraph Corporation. Core developer help for SmartPlant3D[R]. Madison:Intergraph Corporation,1999.

[74] Dassault Systemes. 3D XML user's guide. Version 2 Edition 0[R]. Paris:Dassault Sys-

temes,2006.

[75] Wiki. SolidWorks[EB/OL]. http://en. wikipedia. org/wiki/SolidWorks_Corporation. [2016-4-30].

[76] UGS. JT2Go—A new level of customer—Supplier collaboration[EB/OL]. http://www. plm. automation. siemens. com/en_us/products/teamcenter/plm-platform-capabilities/ visualization/jt2go/index. shtml. [2016-4-30].

[77] UGS. Open product lifecycle data sharing using XML White Paper[R] Torrance:UGS, 2005.

[78] Ecma International. Universal 3D file format. 3rd Edition[R]. Geneva:Ecma International, 2006.

[79] Web3D Consortium. What is X3D[EB/OL]. http://www. web3d. org/x3d/what-x3d. [2016-4-30].

[80] 刘伟,赵德鹏,王德强,等. 基于 XVL 技术的海底地形生成方法[J]. 系统仿真学报,2006, 18(1):264-266.

[81] 黄广茂. 造船生产设计[M]. 哈尔滨:哈尔滨工程大学出版社,2007.

[82] 宋华蕾,赵良才. 船舶结构完整性计划中的维修决策评价技术研究[J]. 中国修船,2003, (6):30-33.

[83] 欧进萍,段忠东,肖仪清. 海洋平台结构安全评定——理论、方法与应用[M]. 北京:科学出版社,2003.

[84] Feigenbaum E,McCorduck P. The Fifth Generation[M]. Upper Saddle River:Addison-Wesley,1983.

[85] 杨海成,廖文和. 基于知识的三维 CAD 技术及应用[M]. 北京:科学出版社,2005.

[86] Roy U,Bharadwaj B,Ludden C. Unification of CAD and FEM using knowledge engineering[J]. Concurrent Engineering,1994,2(1):7-15.

[87] Turkiyyah G,Fenves S. Knowledge-based assistance for finite element modeling[J]. IEEE Expert,1996,11(3):23-32.

[88] Chapman C B,Pinfold M. Design engineering—A need to rethink the solution using knowledge based engineering[J]. Knowledge-Based Systems,1999,12(5-6):257-267.

[89] 程耿东,曾勇. 工程有限元模型化知识系统[J]. 计算结构力学及其应用,1993,10(1):59-65.

[90] 梁俊,崔俊芝. 基于知识的结构分析系统[J]. 计算结构力学及其应用,1994,10(1):43-49.

[91] 刘旺玉,林德浩,欧元贤,等. 基于特征的实用性有限元模型化知识系统[J]. 机械强度, 1999,10(1):36-38.

[92] 郑辉,徐燕申,侯亮,等. 基于 KBE 和 CAE 结合的液压机结构柔性模块创建[J]. 天津大学学报,2003,10(2):178-182.

[93] 王平,高德平,刘德仿. 有限元分析建模知识表示及重用技术研究[J]. 机械科学与技术, 2005,24(11):1316-1319.

[94] 孙学军,何玉林,杜静. 基于 KBE 的摩托车车架有限元分析系统的研究[J]. 工程图学学报,2005,10(1):17-21.

[95]　侯文彬,胡平,刘大有,等.基于知识的车身结构概念设计工具——IVCD[J].吉林大学学报(工学版),2006,10(5):813-818.

[96]　侯亮,何玉林,杜静.基于网络的有限元分析专家系统[J].计算机集成制造系统,2008,14(3):499-505.

[97]　Steward D. The design structure system: A method for modeling the design of complex systems[J]. IEEE Transactions on Engineering Management,1981,28(3):71-74.

[98]　柳玲,胡登宇,李百战.基于设计结构矩阵的过程模型优化算法综述[J].计算机工程与应用,2009,45(11):22-25.

[99]　项艳梅,朱林,刘清华.基于BOM的产品数据多视图集成研究[J].计算机应用研究,2004,(2):17-20.

[100]　顾耀林,吴龙周,吴有生.船体三维网格的自动生成算法及其图形用户界面的设计[J].中国造船,1999,11(4):87-91.

[101]　张海彬,任慧龙,宋竞正,等.一种船体三维湿表面网格自动生成方法[J].中国造船,2001,42(4):61-65.

[102]　Bailey P A,Hudson D A,Price W G,et al. A simple yet rational approach to the panelling of hull surfaces[J]. Transactions of the Royal Institution of Naval Architects,2002,(144):49-61.

[103]　戴愚志,余建星.一种船体及周围自由面的网格自动生成方法[J].船舶工程,2006,28(5):1-4.

[104]　钱湘群,沈晓雯.基于参数化的活塞三维有限元分析系统[J].机电工程,2000,(4):19-20.

[105]　楚志远,杨国来,陈运生.自行火炮有限元参数化建模方法[J].南京理工大学学报(自然科学版),2002,(2):120-123.

[106]　于雁云,林焰,纪卓尚.基于参数化表达的船舶结构有限元分析方法[J].船舶力学,2008,12(1):74-79.

[107]　Zimmermann T,Dubois-Pelerin Y,Bomme P. Object-oriented finite element programming: I. Governing principles[J]. Computer Methods in Applied Mechanics and Engineering,1992,98(2):291-303.

[108]　徐元铭,龚尧南.面向对象型有限元建模专家系统的设计与实现[J].北京航空航天大学学报,2001,27(3):301-304.

[109]　吴俊,陈胜宏.面向对象的水工结构自适应有限元分析软件系统初步研究[J].武汉大学学报(工学版),2001,34(4):6-10.

[110]　罗金炎,陈庆强.船舶面向对象有限元的应用研究[J].计算机辅助工程,2004,13(1):18-22.

[111]　杨大伟,王宗林,金秀辉.面向对象有限元程序的若干问题[J].哈尔滨工业大学学报,2006,38(2):222-225.

[112]　于万钧.工作流管理技术研究[D].长春:吉林大学,2008.

[113]　默宗英,陈桦.PDM工作流管理技术概述[J].工业仪表与自动化装置,2009,(4):105-107.

[114]　查鲲.企业门户技术的发展及其应用研究[D].上海:华东师范大学,2008.

[115]　王润孝,殷磊,林红. 面向协同产品商务的企业应用集成模型研究[J]. 机械科学与技术,
　　　　2004,23(12):1491-1498.

[116]　曹文娟,王海龙,王冰冰,等. 航天产品协同研制过程中的冲突消解技术研究[J]. 中国制
　　　　造业信息化,2007,36(5):33-37.

[117]　袁满. 移动计算[M]. 哈尔滨:哈尔滨工业大学出版社,2008.

[118]　龙欣,张旭,席大春,等. 基于 XML 业务无关的分布式数据库数据同步策略[J]. 华中科
　　　　技大学学报(自然科学版),2003,31(5):37-40.

[119]　陈飞. 业务规则管理系统的研究与实现[D]. 西安:西北大学,2010.

[120]　Vartan P,Bill J,Mike C. Wireless J2ME Platform Programming[M]. Englewood:Prentice Hall,2002.

附录 系统数据库表定义清单

中文表名	中文字段名	数据类型	长度	必填	允许空值
001 船级社代码	船级社代码	文本	1	是	否
	船级社代码说明	文本	20	是	否
002 舱类	舱类型	文本	1	是	否
	舱类型说明	文本	20	是	否
003 材料类	材料类型	文本	1	是	否
	材料名称	文本	20	是	否
	密度	double		是	
	弹性模量	double		是	
	泊松比	double		否	
004 型材库	型材编号	文本	1	是	否
	型材说明串	文本	50	是	否
	剖面面积	double		是	
	剖面周长	double		是	
	面板宽	double		否	
	面板厚	double		否	
	腹板高	double		否	
	腹板厚	double		否	
005 关键区类	关键区类型	文本	1	是	否
	关键区类型说明	文本	20	是	否
006 损坏类	损坏类型	文本	1	是	否
	损坏类型描述	文本	20	是	否
007 修理类	修理类型	文本	1	是	否
	修理类型描述	文本	20	是	否
008 Crew 涂层评价类	Crew 涂层评价	文本	1	是	否
	Crew 涂层评价说明	文本	20	是	否
009 船级社涂层评价类	船级社涂层评价	文本	1	是	否
	船级社涂层评价说明	文本	20	是	否
010 板梁类型	板梁类型	文本	1	是	否
	板梁类型说明	文本	10	是	否
011 构件类型	构件类型	文本	1	是	否
	构件类型说明	文本	20	是	否

续表

中文表名	中文字段名	数据类型	长度	必填	允许空值
012 模型类型	模型类型	文本	1	是	否
	模型类型说明	文本	10	是	否
013 附件类型	附件类型	文本	1	是	否
	附件类型说明	文本	3	是	否
014 检验类型	检验类型	文本	1	是	否
	检验类型说明	文本	20	是	否
015 工作状态	工作状态	文本	1	是	否
	工作状态说明	文本	10	是	否
016 特殊指令类型	特殊指令类型	文本	1	是	否
	特殊指令类型说明	文本	10	是	否
017 特殊指令级别	特殊指令级别	文本	1	是	否
	特殊指令级别说明	文本	5	是	否
101 船舶信息	船名	文本	50	是	否
	模型版本号	文本	8	是	否
	船级社代码	文本	1	否	是
	属性附件指针	文本	36	否	是
	IMO 号	文本	50	否	是
	船公司名	文本	50	否	是
	呼号	文本	50	否	是
	总长	double		否	
	垂线间长	double		否	
	型宽	double		否	
	型深	double		否	
	设计吃水	double		否	
	排水量	double		否	
	空船重量	double		否	
	载重量	double		否	
	总吨	double		否	
	净吨	double		否	
	入级符号	文本	255	否	是
	入级范围	文本	255	否	是
	应用规范	文本	255	否	是
	船籍港	文本	255	否	是
	船旗	文本	255	否	是
	船东公司	文本	255	否	是
	建造日期	文本	8	否	是
	是否认可	bool			

中文表名	中文字段名	数据类型	长度	必填	允许空值
102 模型编号	船名	文本	50	是	否
	模型编号	文本	50	是	否
	模型文件名	文本	255	是	否
	模型类型	文本	1	否	是
	文件识别符	文本	2	否	是
103 原子舱	船名	文本	50	是	否
	原子舱 ID	文本	50	是	否
	属性附件指针	文本	36	否	是
	模型编号	文本	50	否	是
	原子舱 IDpath	文本	255	是	否
	舱室类型	文本	1	是	否
	舱室说明	文本	50	否	是
	所在船级社舱 ID	文本	50	否	是
	所在 Crew 舱 ID	文本	50	否	是
	所在结构舱 ID	文本	50	否	是
104 原子舱容	船名	文本	50	是	否
	原子舱 ID	文本	50	是	否
	液面高度	double		是	
	舱室容积	double		是	
105 船级社舱	船名	文本	50	是	否
	船级社舱 ID	文本	50	是	否
	属性附件指针	文本	36	否	是
	模型编号	文本	50	否	是
	船级社舱 IDpath	文本	255	是	否
	船级社舱说明	文本	255	否	是
106 船级社舱块	船名	文本	50	是	否
	船级社舱 ID	文本	50	是	否
	船级社舱块 ID	文本	50	是	否
	属性附件指针	文本	36	否	是
	船级社舱块 IDpath	文本	255	是	否
	IAC 舱块检查序号	长整数		是	
107 Crew 舱	船名	文本	50	是	否
	Crew 舱 ID	文本	50	是	否
	属性附件指针	文本	36	否	是
	模型编号	文本	50	否	是
	Crew 舱 IDpath	文本	255	是	否
	Crew 舱说明	文本	255	否	是

中文表名	中文字段名	数据类型	长度	必填	允许空值
108 Crew 舱板	船名	文本	50	是	否
	Crew 舱 ID	文本	50	是	否
	Crew 舱板 ID	文本	50	是	否
	属性附件指针	文本	36	否	是
	Crew 舱板 IDpath	文本	255	是	否
	Crew 舱板检查序号	长整数		否	
	Crew 舱板说明	文本	255	否	是
109 Crew 舱板块	船名	文本	50	是	否
	Crew 舱 ID	文本	50	是	否
	Crew 舱板 ID	文本	50	是	否
	Crew 舱板块 ID	文本	50	是	否
	属性附件指针	文本	36	否	是
	Crew 舱板块 IDpath	文本	255	是	否
	Crew 舱板块检查序号	长整数		否	
	板块 X 坐标	长整数		否	
	板块 Y 坐标	长整数		否	
110 结构舱	船名	文本	50	是	否
	结构舱 ID	文本	50	是	否
	属性附件指针	文本	36	否	是
	模型编号	文本	50	是	否
	本舱说明	文本	255	否	是
111 结构件	船名	文本	50	是	否
	构件 ID	文本	50	是	否
	属性附件指针	文本	36	否	是
	总结构模型编号	文本	50	是	否
	总结构模型中 IDpath	文本	255	是	否
	直属结构舱 ID	文本	50	是	否
	直属结构舱中 IDpath	文本	255	否	是
	相关结构舱 ID	文本	50	否	是
	相关结构舱中 IDpath	文本	255	否	是
	板梁类型	文本	1	是	否
	构件类型	文本	1	是	否
	位置字串	文本	1	否	是
	关键区 ID	文本	50	否	是
	型材编号	文本	50	否	是
	材料类型	文本	1	否	否
	重量	double		是	

中文表名	中文字段名	数据类型	长度	必填	允许空值
111 结构件	长度	double		否	是
	面积	double		否	是
	厚度	double		否	是
	备注信息	文本	255	否	是
	是否修过	bool			
	是否为新增	bool			
	原来构件 ID	文本	50	否	是
	模型修理日期	文本	8	否	是
	构件修理日期	文本	8	否	是
	修理引入新构件 ID	文本	50	否	是
112 关键区	船名	文本	50	是	否
	关键区 ID	文本	50	是	否
	附件指针	文本	36	否	是
	模型编号	文本	50	是	否
	关键区类型	文本	1	是	否
	IDpath	文本	255	是	否
	是否修订过	bool			
	是否过期	bool			
	属性修订日期	文本	8	否	是
113 总成设备	船名	文本	50	是	否
	总成设备 ID	文本	50	是	否
	属性附件指针	文本	36	否	是
	总成设备 IDpath	文本	255	是	否
	模型编号	文本	50	是	否
114 甲板总成成员	船名	文本	50	是	否
	甲板总成 ID	文本	50	是	否
	甲板块 ID	文本	50	是	否
	属性附件指针	文本	36	否	是
	IDpath	文本	255	是	否
	区块检查序号	长整		否	
115 外板总成成员	船名	文本	50	是	否
	外板总成 ID	文本	50	是	否
	外板区块 ID	文本	50	是	否
	属性附件指针	文本	36	否	是
	IDpath	文本	255	是	否
	区块检查序号	长整		否	

中文表名	中文字段名	数据类型	长度	必填	允许空值
116 属性附件	船名	文本	50	是	否
	属性附件指针	文本	36	是	否
	附件序列号	长整		是	
	附件类型	文本	1	是	否
	说明或文件名	文本	255	否	是
	附件本体	ole		是	
201 船级社工作记录	船名	文本	50	是	否
	工作号	文本	50	是	否
	修改号	长整		否	
	检验附件指针	文本	36	否	是
	工作状态	文本	1	是	否
	验船师姓名	文本	10	否	是
	检验类型	文本	1	否	是
	是否含船级社油漆检查	bool			
	是否含损坏检查	bool			
	是否含关键区检查	bool			
	是否测厚	bool			
	计划开始日期	文本	8	否	是
	计划结束日期	文本	8	否	是
	工作是否已经被接受	bool			
	执行地点	文本	50	否	是
	实际开始日期	文本	8	否	是
	实际结束日期	文本	8	否	是
	部门审核是否通过	bool			
	部门审核意见	备注		否	是
	船级社总部审核是否通过	bool			
	船级社总部反馈意见	备注		否	是
	RA 报告表是否已经生成	bool			
	关键区评估报表是否已经生成	bool			
	测厚报表是否已经提交	bool			
	RA 报告文档是否已经提交	bool			
	测厚报告是否已经提交	bool			
	RA 报告是否已经写入船级社子系统	bool			
	测厚报告是否已经写入船级社子系统	bool			

中文表名	中文字段名	数据类型	长度	必填	允许空值
202 船级社工作历史	船名	文本	50	是	否
	工作号	文本	50	是	否
	修改号	长整		否	
	工作状态	文本	1	是	否
	检验附件指针	文本	36	否	是
	修改日期	文本	8	是	否
	修改原因	备注		否	是
	验船师姓名	文本	10	否	是
	检验类型	文本	1	否	是
	是否含船级社油漆检查	bool			
	是否含损坏检查	bool			
	是否含关键区检查	bool			
	是否测厚	bool			
	计划开始日期	文本	8	否	是
	计划结束日期	文本	8	否	是
	工作是否已经被接受	bool			
	执行地点	文本	50	否	是
	实际开始日期	文本	8	否	是
	实际结束日期	文本	8	否	是
	部门审核是否通过	bool			
	部门审核意见	备注		是	否
	船级社总部审核是否通过	bool			
	船级社总部反馈意见	备注		是	否
	RA 报告表是否已经生成	bool			
	关键区评估报表是否已经生成	bool			
	测厚报表是否已经提交	bool			
	RA 报告文档是否已经提交	bool			
	测厚报告是否已经提交	bool			
	RA 报告是否已经写入船级社子系统	bool			
	测厚报告是否已经写入船级社子系统	bool			
203 船级社舱涂层记录	船名	文本	50	是	否
	工作号	文本	50	是	否
	船级社舱 ID	文本	50	是	否
	船级社涂层评价	文本	1	是	否
	记录附件指针	文本	36	否	是
	涂层状态描述	文本	255	否	是
	检查日期	文本	8	否	是
	检查人	文本	10	否	是

中文表名	中文字段名	数据类型	长度	必填	允许空值
204 船级社舱块涂层记录	船名	文本	50	是	否
	工作号	文本	50	是	否
	船级社舱 ID	文本	50	是	否
	船级社舱块 ID	文本	50	是	否
	船级社涂层评价	文本	1	是	否
	记录附件指针	文本	36	否	是
	涂层状态描述	文本	255	否	是
	检查人	文本	10	否	是
205 关键区记录	船名	文本	50	是	否
	工作号	文本	50	是	否
	关键区 ID	文本	50	是	否
	关键区状态描述	文本	255	否	是
	验船师附件指针	文本	36	否	是
	检查人	文本	10	否	是
206 损坏记录	船名	文本	50	是	否
	工作号	文本	50	是	否
	损坏编号	长整		是	
	结构舱 ID	文本	50	是	否
	构件 ID	文本	50	是	否
	板梁类型	文本	1	否	是
	构件类型	文本	1	否	是
	长度	double		否	
	宽度	double		否	
	损坏类型	文本	1	否	是
	损坏描述	文本	255	否	是
	损坏附件指针	文本	36		
	是否要求修理	bool			
	修理要求	文本	255	否	是
	本次是否修理	bool			
	修理系数	double		否	
	检验日期	文本	8	否	是
	检验人	文本	10	否	是
207 修理记录	船名	文本	50	是	否
	工作号	文本	50	是	否
	修理编号	长整		是	
	船级社附件指针	文本	36	否	是
	损坏检验工作号	文本	50	否	是

中文表名	中文字段名	数据类型	长度	必填	允许空值
207 修理记录	损坏编号	长整		否	
	结构舱 ID	文本	50	否	是
	构件 ID	文本	50	否	是
	修理类型	文本	1	否	是
	修理是否完成	bool			
	修后状态描述	文本	255	否	是
	修后附件指针	文本	36		是
	实际修理系数	double		否	
	修船日期	文本	8	否	是
	验船师	文本	10	是	否
	是否建议修订模型	bool			
208 RA 报表	船名	文本	50	是	否
	工作号	文本	50	是	否
	船级社附件指针	文本	36	否	是
	损坏检验工作号	文本	50	否	是
	修理检验工作号	文本	50	否	是
	损坏编号	长整		否	
	修理编号	长整		否	
	结构舱段 ID	文本	50	否	是
	构件 ID	文本	50	否	是
	损坏类型	文本	1	否	是
	损坏描述	文本	255	否	是
	是否修理	bool			
	修理要求	文本	255	否	是
	修理系数	double		否	
	修理效果	文本	255	否	是
	RA 报告日期	文本	8	否	是
	填写人	文本	10	是	否
301 修理计划记录	船名	文本	50	是	否
	修理方案编号	长整		是	
	构件 ID	文本	50	是	否
	修理系数	double		是	
	修理类型	文本	1	否	是
	计划编制人	文本	10	否	是
	编制日期	文本	8	否	是

续表

中文表名	中文字段名	数据类型	长度	必填	允许空值
302 验船师记录附件	船名	文本	50	是	否
	验船师记录附件指针	文本	36	是	否
	附件序列号	长整		是	
	附件类型	文本	1	是	否
	文件名及说明	文本	255	否	是
	附件本体	ole		是	
303 船员记录附件	船名	文本	50	是	否
	船员记录附件指针	文本	36	是	否
	附件序列号	长整		是	
	附件类型	文本	1	是	否
	文件名及说明	文本	255	否	是
	附件本体	ole		是	
401 保养级别及允差	保养级别	文本	1	是	否
	周期天数	长整		是	
	允差天数	长整		是	
402 涂层识别符	涂层识别符	文本	1	是	否
	涂层识别符说明	文本	50	是	否
403 航态识别符	航态识别符	文本	1	是	否
	航态识别符说明	文本	50	是	否
404 保养规则库	保养规则版本	文本	8	是	否
	CWBT 代码	文本	50	是	否
	某个保养级别	文本	1	是	否
	船公司代码	文本	50	是	否
	保养项目名称	文本	50	是	否
	涂层识别符	文本	1	是	否
	该级别的检查要求	备注		是	否
	是否在用	bool			
405 规则实例库	船名	文本	50	是	否
	CWBT 代码	文本	50	是	否
	涂层识别符	文本	1	是	否
	保养对象实例名称	文本	50	是	否
	保养规则版本	文本	8	是	否
	规则实例版本	文本	8	是	否
	是否三维显示	bool			
	模型编号	文本		否	是
	对象实例的模型 ID	文本	50	否	是
	IDpath	文本	255	否	是
	保养级别字串	文本	50	是	否
	首排日期	文本	8	是	否
	是否在用	bool			

续表

中文表名	中文字段名	数据类型	长度	必填	允许空值
501 保养规则	保养规则版本	文本	8	是	否
	CWBT 代码	文本	50	是	否
	某个保养级别	文本	1	是	否
	船公司代码	文本	50	否	是
	保养项目名称	文本	50	是	否
	涂层识别符	文本	1	是	否
	该级别检查要求	备注		是	否
502 规则实例 "X",模型 ID 是设备总成 "X",IDpath 是设备总成 "D",模型 ID 是甲板总成 "D",IDpath 是甲板总成 "S",模型 ID 是外板总成 "S",IDpath 是外板总成 "T",模型 ID 是空 "T",IDpath 是空 "T",舱室涂层模型	船名	文本	50	是	否
	CWBT 代码	文本	50	是	否
	涂层识别符	文本	1	是	否
	保养对象实例名称	文本	50	是	否
	保养规则版本	文本	8	是	否
	规则实例版本	文本	8	是	否
	是否三维显示	bool			
	模型编号	文本	50	否	是
	对象实例模型 ID	文本	50	否	是
	对象实例模型 IDpath	文本	255	否	是
	保养级别字串	文本	50	是	否
	首排日期	文本	8	是	否
503 船体保养记录	船名	文本	50	是	否
	CWBT 代码	文本	50	是	否
	涂层识别符	文本	1	是	否
	保养对象实例名称	文本	50	是	否
	某个保养级别	文本	1	是	否
	航态识别符	文本	1	是	否
	计划日期	文本	8	是	否
	保养纪要	文本	255	否	是
	涂层状态评价	文本	1	否	是
	涂层状态评价确认	文本	1	否	是
	最后期限	文本	8	是	否
	超期标识	bool			
	完成日期	文本	8	否	是
	执行人	文本	10	否	是
	关键词	文本	50	否	是
	船员记录附件指针	文本	36	否	是

续表

中文表名	中文字段名	数据类型	长度	必填	允许空值
504 Crew 舱涂层记录	船名	文本	50	是	否
	CWBT 代码	文本	50	是	否
	涂层识别符	文本	1	是	否
	保养对象实例名称	文本	50	是	否
	某个保养级别	文本	1	是	否
	航态识别符	文本	1	是	否
	计划日期	文本	8	是	否
	Crew 舱 ID	文本	50	是	否
	Crew 舱涂层评价	文本	1	否	是
	Crew 舱涂层评价确认	文本	1	否	是
	船员记录附件指针	文本	36	否	是
	执行人	文本	10	否	是
	保养纪要	文本	255	否	是
	关键词	文本	50	否	是
505 Crew 舱板涂层记录	船名	文本	50	是	否
	CWBT 代码	文本	50	是	否
	涂层识别符	文本	1	是	否
	保养对象实例名称	文本	50	是	否
	某个保养级别	文本	1	是	否
	航态识别符	文本	1	是	否
	计划日期	文本	8	是	否
	Crew 舱 ID	文本	50	是	否
	Crew 舱板 ID	文本	50	是	否
	Crew 舱板涂层评价	文本	1	否	是
	Crew 舱板涂层评价确认	文本	1	否	是
	船员记录附件指针	文本	36	否	是
	执行人	文本	10	否	是
	保养纪要	文本	255	否	是
	关键词	文本	50	否	是
506 Crew 舱板块涂层记录	船名	文本	50	是	否
	CWBT 代码	文本	50	是	否
	涂层识别符	文本	1	是	否
	保养对象实例名称	文本	50	是	否
	某个保养级别	文本	1	是	否
	航态识别符	文本	1	是	否
	计划日期	文本	8	是	否
	Crew 舱 ID	文本	50	是	否

续表

中文表名	中文字段名	数据类型	长度	必填	允许空值
506 Crew 舱板块涂层记录	Crew 舱板 ID	文本	50	是	否
	Crew 舱板块 ID	文本	50	是	否
	Crew 舱板块评价	文本	1	否	是
	Crew 舱板块评价确认	文本	1	否	是
	船员记录附件指针	文本	36	否	是
	执行人	文本	10	否	是
	保养纪要	文本	255	否	是
	关键词	文本	50	否	是
507 外板涂层区块记录	船名	文本	50	是	否
	CWBT 代码	文本	50	是	否
	涂层识别符	文本	1	是	否
	保养对象实例名称	文本	50	是	否
	某个保养级别	文本	1	是	否
	航态识别符	文本	1	是	否
	计划日期	文本	8	是	否
	外板总成 ID	文本	50	是	否
	外板区块 ID	文本	50	是	否
	外板块涂层评价	文本	1	否	是
	外板块涂层评价确认	文本	1	否	是
	船员记录附件指针	文本	36	否	是
	执行人	文本	10	否	是
	保养纪要	文本	255	否	是
	关键词	文本	50	否	是
508 甲板涂层区块记录	船名	文本	50	是	否
	CWBT 代码	文本	50	是	否
	涂层识别符	文本	1	是	否
	保养对象实例名称	文本	50	是	否
	某个保养级别	文本	1	是	否
	航态识别符	文本	1	是	否
	计划日期	文本	8	是	否
	甲板总成 ID	文本	50	是	否
	甲板块 ID	文本	50	是	否
	甲板块涂层评价	文本	1	否	是
	甲板块涂层评价确认	文本	1	否	是
	船员记录附件指针	文本	36	否	是
	执行人	文本	10	否	是
	保养纪要	文本	255	否	是
	关键词	文本	50	否	是

中文表名	中文字段名	数据类型	长度	必填	允许空值
509 特殊指令执行记录	船名	文本	50	是	否
	特殊指令类型	文本	1	是	否
	特殊指令级别	文本	1	是	否
	发生日期	文本	8	是	否
	指令编号	长整		是	
	指令来源	文本	50	否	是
	工作状态	文本	1	否	是
	模型编号	文本	50	否	是
	模型实体 ID	文本	50	否	是
	模型实体 IDpath	文本	255	否	是
	指令内容	备注		否	是
	要求完成日期	文本	8	否	是
	处理说明	备注	255	否	是
	处理日期	文本	8	否	是
	附件指针	文本	36	否	是
	责任人	文本	10	否	是
	船舶航行状态	文本	50	否	是
	关键词	文本	50	否	是
510 ESP 报表	船名	文本	50	是	否
	ESP 编号	文本	50	是	否
	ESP 日期	文本	8	否	是
	ESP 项目编号	文本	50	否	是
	附件指针	文本	36	否	是